Businesspraxis Editions

Martin Schober

Netzwerken, aber richtig!

So einfach kann Verkaufen sein

mit Beiträgen von:

Andreas Bergmann
Future Network – die Netzwerksoftware

und

René Oblak
Die Stimme im Netzwerk

Businesspraxis Editions

© 2013, Businesspraxis Editions, Future Factory GmbH, Graz
www.futurefactory.at

Herstellung: BoD – Books on Demand, Norderstedt
Foto Martin Schober © Irmgard Daempfer, www.immagine.at
Umschlaggestaltung, Satz & Layout: Markus Mayr

ISBN 978-3-200-02949-1

Bibliografische Information der Deutschen Nationalbibliothek:

Die Deutsche Nationalbibliothek verzeichnet diese Publikation in der
Deutschen Nationalbibliografie; detaillierte bibliografische Daten sind im
Internet über www.dnb.de abrufbar.

Mit Liebe zum Leben und zu den Menschen kann jeder oder jede ein(e) NetzwerkerIn par excellence sein.

Zumindest alle, die es möchten!

Im Sinne der „Gender Mainstreaming Philosophie" werden im folgenden Text Frauen und Männer gleichermaßen angesprochen und behandelt.

Ich habe versucht, mich an alle Regeln des Gender Mainstreaming zu halten, gebe aber zu, ich bin ein Mann und tue mir bei diesen Dingen nicht ganz so leicht, wie es vielleicht sein sollte.

Ich hoffe, Ihr lieben Frauen, die ich sehr schätze, könnt mir das verzeihen!

Martin Schober

Inhalt

Was ist Netzwerken?

Ich sitze hier am Balkon im Sonnenschein und sinniere über meine tagtägliche Arbeit: das Netzwerken. Aber was bedeutet das, Netzwerken? Vor dieser Frage muss man noch eine andere Frage stellen: Was ist ein Netzwerk? – Als Netzwerke werden im Allgemeinen die Kontakte und deren Pflege verstanden. Und was soll das jetzt bedeuten?

Ich möchte mit Beispielen aus meiner persönlichen Erfahrung der letzten fünfunddreißig Jahre im Verkauf versuchen, das ein wenig zu erläutern. Schon als Kind, Schüler und dann in weiterer Folge als Verkäufer war mir der Mensch das Wichtigste in jeglicher Verkaufshandlung. Wer mein Buch „Alles Leben ist Verkauf" gelesen hat, der weiß, dass aus meiner Sicht das ganze Leben Verkauf beinhaltet – somit hat jeder als Kind schon verkauft. Willst du etwas erreichen, musst du entsprechend agieren – das ist Verkauf.

Ein Baby schreit, wenn es Hunger hat, pupsen muss oder seine Ruhe haben will. Es teilt der Mutter oder seinem Vater mit, was es will, und das manchmal ziemlich lautstark. In der Artikulation ist jetzt nicht immer klar definiert, was das Baby will, aber es zeigt einfach einmal: „Hey, ich will etwas!" Und so verkauft es sich seinen Angehörigen und setzt langsam, aber sicher, seinen Willen durch. Und es schafft sich sein erstes Netzwerk – die Eltern, die Familie und die Freunde der Familie. Die sagen alle bewundernd: „Uih, ist der oder die süß!"

Wenn dieses Baby sich dann entwickelt und als Kind die ersten Kontakte bewusst zu knüpfen beginnt, baut es sukzessive seine Netzwerke aus: in der Familie, im Kindergarten, in der Grundschule, in der Lehre, im Studium, um nur einige Lebensstationen zu nennen.

Denken Sie einfach an all die Menschen, denen Sie im Laufe Ihres Lebens so begegnen: an die Arbeitskollegen und -kolleginnen, die Menschen aus den Nachbarschaften, ob beruflich oder privat, die Kunden und Kundinnen, MitarbeiterInnen der liefernden Firmen. Es gibt so viele Möglichkeiten, mit Menschen in Kontakt zu treten. Wenn Ihnen Ihr Gegenüber sympathisch ist, halten Sie Kontakt, reden Sie über Dinge auch außerhalb Ihrer Geschäftstätigkeit!

Wer solche Kontakte aufrechterhält und pflegt, schafft sich die besten Voraussetzungen, um ein großes, stabiles und funktionierendes Netzwerk zu bauen. Ein wesentlicher Teil des Netzwerkens ist aber: Schaffe die Netzwerke ohne Hintergedanken! Baue Netzwerke aus Menschenliebe und aus Freude! Nicht aus dem Gedanken heraus: Der oder Die könnte mir irgendwann einmal einen Vorteil bringen. Denn Netzwerke bedürfen – so wie jedes Geschäft – einer Grundarbeit und einer gesunden Basis.

Unter der Tätigkeit „Netzwerken" (Networking) versteht man ganz allgemein den Aufbau und die Pflege einer sozialen Beziehung zwischen einander „verbundenen" Personen, die sich gegenseitig kennen, sich informieren und sich manchmal in ihrer Karriere fördern oder andere Vorteile verschaffen.[1]

Tipp 1:
Pflege deine Kontakte, um dir ein großes, stabiles und funktionierendes Netzwerk zu bauen!

---

1 Magda Bleckmann: Die geheimen Regeln der Seilschaften. Erfolgreich netzwerken – ein Karriereleitfaden. Graz ²2010, S 17.

Wie schaffe ich mir die Basis?

Ein kleines Beispiel:
Sie lernen einen neuen Menschen kennen. Dieser Mensch erzählt Ihnen die ganze Zeit, wie toll und hervorragend er ist und welchen Vorteil er dadurch hätte, wenn er Sie als seinen „Freund" bezeichnen dürfte … Ist das eine gute Basis, mit der Sie ihm zu Ihrem Netzwerk Zugang gewähren möchten?

Jetzt das Beispiel ein wenig anders: Dieser Mensch, den Sie kennen lernen, hört Ihnen aufmerksam zu, beantwortet Ihre Fragen zu seiner Person und gibt Ihnen dabei das Gefühl, offen und ehrlich zu sein. Und er hilft Ihnen möglicherweise, ein Problem, das sich Ihnen zu diesem Zeitpunkt gerade stellt, zu lösen, indem er Ihnen einen Kontakt vermittelt, der Ihnen weiterhilft und zu dem Sie selbst keinen Zugang gehabt hätten.

Ist das eine gute Basis, mit der Sie ihm zu Ihrem Netzwerk Zugang gewähren möchten? – Ich sage: „Ja, das kann eine gute Basis sein!"

Das aber bedeutet: Wer richtig netzwerken will, muss erst einmal geben, bevor er nehmen darf. Und ob aus diesem Kontakt jemals ein Nehmen wird, wird sich erst weisen!

Dazu ein vielleicht extremes Beispiel aus dem Leben des philanthropischen Netzwerkers:

Vor einigen Tagen hatte ich bei einem XING-Netzwerktreffen wieder die Gunst, einige neue Menschen zu finden, mit denen ich gute Gespräche führen durfte. Mit einer dieser Personen, Elisabeth, hatte ich auch noch das Vergnügen, mich in der Nacht mittels Chat sehr intensiv auszutauschen, da die Zeit beim Treffen nicht ausgereicht hatte.
Am nächsten Tag fand ich auf meiner Facebookseite die Anfrage um „Freundschaft" einer sehr rührigen Frau, Margit, die sich sehr intensiv im Sozialbereich engagiert. Sie bezog sich auf besagte Elisabeth und meinte, Elisabeth habe ihr gesagt: „Den (mich!) musst du kennenlernen!"

Aufgrund dieser Referenz schloss ich mit ihr „Facebookfreundschaft". Im Laufe des Tages begannen wir über dieses Medium zu chatten, und es stellte sich heraus, dass Margit an einem Charityevent arbeitete und dabei ein wenig an die Grenzen der ihr zur Verfügung stehenden Zeit gestoßen war. Ich bot nicht nur sofort meine Hilfe an, sondern setzte dies auch gleich in die Tat um. Aus meinem „Kontakt-Portefeuille" konnte ich ihr zwei gute Geister vermitteln: Edgar, der sofort bereit war, mit seiner Videoproduktionsfirma den Event free of charge mitzufilmen, und Thomas, einen Schüler, der im technischen Bereich zur Veranstaltung beitragen konnte. Ich selbst hatte die Ehre, die Künstlerbetreuung hinter der Bühne zu übernehmen.

Nun, das wäre ja alles nicht so wild, wenn nicht vom ersten Anschreiben per Facebook (Freitag) bis zum Event (Dienstag) nur drei Tage Zeit gewesen wären, und das über ein Wochenende, wo man beim besten Willen nur manche Menschen erreichen kann.

Jetzt kommt bei Ihnen vielleicht die Frage auf: „… und was hattest du davon?" Auf den ersten oberflächlichen Blick betrachtet: Nichts! – Falsch, viel Arbeit, viele Telefonate. Ich sehe die Fragezeichen jetzt in Ihrem Gesicht stehen, wer macht viel Arbeit und Telefonate „für lau"? Jetzt bitte ich Sie, die zweite Zeile dieses Absatzes noch mal genau von Beginn an zu lesen! Dort steht: Auf den ersten oberflächlichen Blick …

Und jetzt sind wir fast am Punkt. Was ist in der Zwischenzeit, während den Vorbereitungen, den Telefonaten und der Veranstaltung, passiert? – Alle Menschen, die dort mitgemacht haben, haben es getan, um Margit bei ihrem Hilfsprojekt zu unterstützen. Alle ohne Gage, alle!, weil es ihnen ein Bedürfnis war, die Idee, die hinter dieser Charity-Veranstaltung stand, zu unterstützen.
Was will ich damit sagen? Menschen, die aus dem Herzen heraus ein und dieselbe Idee gut finden und dabei

Hilfe geben, sehen einander mit anderen Augen. Ich habe viele wertvolle Kontakte gewinnen können. Und nicht nur das, es haben sich auch noch vor Ort bei der Veranstaltung Synergien ergeben, die mir meine Art und Weise zu verkaufen, nämlich „Netzwerken" wesentlich erleichtern. Auf den zweiten intensiveren Blick betrachtet hat mir mein Einsatz also ein Vielfaches von dem zurückgegeben, was ich geben konnte.

Das Zauberwort heißt: Umwegrentabilität! Schon in der Bibel steht: Geben ist seliger denn nehmen! An dieser Stelle möchte ich festhalten, dass ich – auch wenn es so aussehen sollte – nicht sehr bibelfest bin!

Was sich noch ergeben hat, ist, dass Edgar, der nicht nur ein genialer Videofilmer ist, ein paar Tage später als weiteres Mitglied in meine Band eingestiegen ist und seitdem mit mir Musik macht, wir gemeinsam an einigen Projekten tüfteln und ich ihm ein paar Kontakte aufmachen konnte, die ihm für sein Weiterkommen hilfreich sein werden. Und das alles wegen einer Charityveranstaltung, von der oberflächlich gesehen außer Arbeit nichts zu erwarten war.

Tipp 2:
Baue Netzwerke aus Menschenliebe und Freude, ohne Hintergedanken!

Was soll ich den Menschen denn geben?

Sie sollen jetzt nicht Haus und Hof verkaufen und nur mehr für die anderen Menschen leben und selbst dabei am vollen Trog verhungern! Geben hat nicht immer damit zu tun, auf alles zu verzichten. Diese Einstellung überlasse ich lieber einigen radikalen Sektenoberhäuptern.

„Geben im Netzwerken" heißt wie in einem guten Verkauf: Zuhören! Wer ist mein Gegenüber, was sind seine Bedürfnisse, wie kann ich mit meinem Können oder meinen eigenen Kontakten Hilfe bringen?

Geben Sie Ihren Kontakten die Zuwendung, die sie verdienen, bieten Sie Ihre Hilfe an und vermitteln Sie Ihre Kontakte weiter. Das bedeutet „Geben im Netzwerk". Menschen, die mit ihren Kontakten, ihrem Wissen und Können geizen, sind keine NetzwerkerInnen und werden über kurz oder lang von allen echten NetzwerkerInnen gemieden.

Um noch einmal klarzulegen: Netzwerken ist keine Religion und auch kein Samaritertum, denn wer geben kann, muss auch in der Lage sein, anzunehmen! Nehmen Sie die Hilfe derjenigen, die sie zu geben bereit sind, auch an! Sie müssen sich nicht von einem schlechten Gewissen plagen lassen, wenn Sie nicht sofort in der Lage sind, das Gegebene zurückzugeben!

Ich persönlich liebe den Kontakt mit Menschen und lade sie deswegen sehr gerne zu diversen Möglichkeiten ein. Sowohl die männlichen als auch die weiblichen Personen, die ich so im Laufe der Zeit kennenlernen darf. Sie können sich vorstellen, wie das in unseren Zeiten und einer Moral, wie sie heute bisweilen dargestellt (nicht wirklich gelebt) wird, oft ankommt.

Ich habe die Vermittlung zwischen zwei Menschen, die beide eine gemeinsame Idee verfolgen, über eine Social Media Plattform arrangiert. Ihn kannte ich persönlich, sie gar nicht. Aber ich hatte etwas gelesen und mit ihr und ihm per E-Mail Kontakt aufgenommen und darin gefragt, ob sie sich nicht gegenseitig dabei unterstützen möchten. Die beiden arbeiten jetzt gemeinsam an dieser Idee.

Da ich grundsätzlich sehr interessante Kontakte über diese sogenannten Social Media finde, bin ich begeisterter User. Aber lieber ist es mir, den Menschen in Person gegenüber zu sitzen und mit ihnen zu reden. Da gibt es einen so schönen alten Spruch: „Beim Reden kommen die Leute zusammen!" Also habe ich nach erfolgreicher Vermittlung auch versucht, mich mit der Frau auf einen

Kaffee zu treffen … Bis heute noch nicht … – es ist mir bis jetzt nicht gelungen. Wer weiß, ob ich die Moralschranke: „Was will denn der von mir …? – Will der mehr als nur einen Kaffee mit mir trinken …?" jemals werde überwinden können. Dabei ist mein Gedankengang nur einer: Beim Reden kommen die Leute zusammen! Wer weiß, welche Synergien sich ergeben können? – Niemand weiß es, deswegen treffe ich mich so gerne mit Menschen!

Tipp 3:
Richtiges Netzwerken bedeutet:
Erst geben, dann nehmen!

Wie profitiere ich von richtigem Netzwerken?

Stellen Sie sich vor, jemand hat Ihnen einen Tipp gegeben, der Ihnen einen Vorteil verschafft hat.
Da gibt es jetzt mehrere Möglichkeiten:

a. Sie sind ein schlechter Netzwerker – was werden Sie tun? – Nichts, richtig! Weil Sie egozentrisch nur auf Ihren Vorteil bedacht sind und im Leben keine Erziehung genossen haben oder mit dem Düsenjet durch die Kinderstube geflogen sind.
Ihnen ist nicht zu helfen, legen Sie das Buch weg und leben Sie Ihren Egotraum bis zur Wiedergeburt als Mikroorganismus im Darm einer Kuh!

b. Sie beginnen erst, Netzwerken zu verstehen – was werden Sie tun? – Sie sagen zumindest: Danke! Ist nicht viel, aber Sie haben wenigstens das Dreirad verwendet, um Ihre Kinderstube zu durchfahren.
Für Sie besteht noch ein wenig Hoffnung. Sie sollten das Buch weiterlesen, es bietet zumindest die Möglichkeit, dass aus Ihnen ein Mensch wird und Sie sogar als Regenwurm oder als Katze wiedergeboren werden.
Also nicht aufgeben – Sie haben den Vorteil, dass Sie keine Darmmikrobe werden, die irgendeine Kuh ausscheißt.

c. Sie möchten es zur NetzwerkerIn schaffen – was werden Sie tun? – Sie sagen Danke und werden versuchen, den Erfolg und Vorteil, der Ihnen verschafft wurde, zu bestätigen und ihn zu teilen!

Also, Sie rufen den Empfehlungsgeber, die Empfehlungsgeberin an, danken für die Hilfe und hören zu, was dieser Mensch, der Ihnen eine Empfehlung gegeben hat, eventuell brauchen könnte. Zumindest werden Sie versuchen, auch anderen Menschen bei ihren Problemen zu helfen.

Die Chance auf eine Wiedergeburt als Kuh mit vielen Darmbakterien und Mikroben, die Sie dann exmatrikulieren dürfen, steht sehr hoch! Lesen Sie das Buch weiter – Sie werden viele Kontakte knüpfen und erfolgreich NetzwerkerIn werden!

d. Sie sind erfolgreich NetzwerkerIn – was werden Sie tun? – Sie lesen das Buch weiter, werden viele Kontakte knüpfen, das Buch weiterempfehlen und auch mir viele Kontakte verschaffen – denn Sie wissen: Man lernt nie aus! Und da geht es mir wie Ihnen! Auch ich lerne jeden Tag dazu. Die Chance auf eine Wiedergeburt als weiser Mensch steht sehr, sehr hoch! ☺ – und die Chance, dass sich mein Buch verkauft auch! ☺

Richtiges Netzwerken bedeutet nicht, innerhalb kürzester Zeit stornierungsfreudige Aufträge an Land zu ziehen, indem ich meinen Kunden die Erklärung gebe:

„Drücken Sie dort, wo das X ist, mit dem Kugelschreiber fest auf, der dritte Durchschlag ist Ihrer …" sondern Vertrauensaufbau. Sie werden, wenn Sie Netzwerken richtig betreiben, anfangs vielleicht ein wenig langsamer, dafür aber mittel- und langfristig betrachtet viel erfolgreicher unterwegs sein.

Die Stornoquote rutscht zu einem Nullbereich, der Kundenstock wird aber immer größer! Und Sie brauchen keine Scheu zu haben, Ihren Kunden, die dann oftmals wirklich zu Freunden werden, Ihre Privatnummer zu geben.

Tipp 4:
Baue Vertrauen auf und lerne jeden Tag dazu –
das führt zum Erfolg!

Der betriebswirtschaftliche Nutzen des Netzwerkens: gute Empfehlungen

Netzwerker und Netzwerkerinnen verbindet immer ein gemeinsamer Nenner: Die gute Empfehlung.

Wenn Sie in ein Lokal gehen, wo es Ihnen besonders gefällt, weil die Bedienung erstklassig ist, oder das Essen wunderbar, die Preise im Wert des Gebotenen – oder idealerweise alles zusammenstimmt, was tun Sie dann?

Sie empfehlen es Ihren Freunden und Bekannten weiter, Sie erzählen davon und kommen, ohne es zu beabsichtigen, ins Schwärmen: „Das war so toll, die Bedienung war so zuvorkommend …"

Was werden Ihre Freunde und Bekannten tun? Sie werden die Empfehlung aufnehmen und das Lokal auch ausprobieren. Eine Empfehlung ist natürlich immer ein subjektives Empfinden, und es kann passieren, dass die Freunde und Bekannten das nicht so toll erleben wie Sie, aber ich bin mir ziemlich gewiss, sie werden es ausprobieren! Lokale, Wirtschaftstreibende, Geschäfte aller Art, aber auch Ärzte, Dienstleister etc. leben von solchen Empfehlungen.

Ich bin mir sicher, dass auch Sie schon wirklich gute Empfehlungen von Ihren Freunden, Bekannten, Verwandten bekommen und sich sehr darüber gefreut haben. Das ist ein wesentlicher Teil des Netzwerkens.

Was sind gute Empfehlungen?

Wie Sie sehen, liegt der Erfolg auf der Hand: Wenn ich jemandem eine gute Empfehlung gebe, ist die Wahrscheinlichkeit, dass ich gute Empfehlungen bekomme sehr hoch. Es muss aber nicht immer eine Eins-zu-Eins Empfehlung sein, weil NetzwerkerInnen ihresgleichen erkennen und einander schätzen und empfehlen. Es gibt Menschen, für deren Sparte, in der sie arbeiten, ich beim besten Willen keine Empfehlung geben kann, weil ich von ihrer Arbeit und ihrem benötigten Umfeld nichts verstehe – wie kann ich da eine gute Empfehlung geben?

a. Jeder Mensch ist grundsätzlich einfach einmal Mensch, und die Menschen haben im Großen und Ganzen dieselben Bedürfnisse und Wünsche: Jeder braucht mal einen guten Zahnarzt, der auf die Schmerzempfindlichkeit eingeht, oder ein tolles Geschäft, wo er exquisite Lebensmittel bekommen kann, oder weiß manchmal nicht, was sie oder er seinem Liebsten, seiner Liebsten schenken soll … und so vieles mehr, was mir an dieser Stelle einfallen könnte. Auch so eine Empfehlung kann eine sehr gute sein.

b. In der Empfehlungsgebung geht es nicht um quantitative Empfehlungen, sondern um die qualitative Empfehlung, also gute Empfehlungen.

Was sind jetzt gute Empfehlungen überhaupt? – Eine gute Empfehlung qualifiziert sich durch die Tatsache, dass die empfohlene Person, also der- oder diejenige, die Sie empfohlen haben, sich wo melden kann und dort als erwartet identifiziert wird.

Ein Beispiel:
Sie sagen mir, ich solle einen Bekannten von Ihnen kontaktieren, er würde sich für Businesssoftware interessieren. (Businesssoftware ist mein derzeitiges Produkt, welches ich dem Markt in den Schoß lege – übrigens eine sehr empfehlenswerte Geschichte – flexibel, schnell, kostengünstig). ☺
Ich rufe dort an und sage: Hallo, mein Name ist Martin Schober, Frau Sowieso hat gemeint, ich soll mich bei Ihnen melden …

Die Antwort, die kommt, könnte lauten:
a. „Wer ist Frau Sowieso?" – Ist das eine gute Empfehlung? – Njiet!

b. „Ja und? Was wollen Sie?" – Ist das eine gute Empfehlung? – Nö!

c. „Ah ja, Frau Sowieso, wie geht's ihr? Ja, sie hat gemeint, dass irgendjemand mal anrufen wird und ich soll zuhören. – Also, was wollen Sie?" – Ist das eine gute Empfehlung? – Iiiiiih!

d. „Ah ja, hallo Herr Schober. Frau Sowieso hat gemeint, Sie würden sich melden. – Freut mich, sie hat gesagt, ich könnte mit meinem Anliegen bei Ihnen richtig sein ...“ – Ist das eine gute Empfehlung? - Yeah! Das hat schon was!

e. „Hallo, Herr Schober, gut, dass ich Sie erreiche, ich würde mich gerne mit Ihnen treffen um mich über mein Anliegen zu unterhalten ...“ – und das, nachdem der Empfehlungsnehmer mich angerufen hat! – Das ist keine gute Empfehlung – die ist super – die hat Klasse!

Noch ein paar Beispiele für „gute“ und "schlechte" Empfehlungen:

Hier die guten:

Ein Freund führte mich in ein Netzwerk ein, welches mir noch nicht bekannt war. In der Vorstellungsrunde erklärte ich den Anwesenden in sechzig Sekunden („Elevator Speech“) meine Aufgaben und Positionen. Daraufhin kam beim Buffet ein junger Mann auf mich zu und befragte mich intensiver, was unsere Produkte so konkret könnten und wodurch wir uns mit unserer Businesssoftware gegenüber unseren Mitbewerbern unterschieden. Nach einer kurzen Erklärung gab er mir die Telefonnummer einer Kundin und ich konnte mit ihr – auf seine Empfehlung – einen Termin ausmachen.

Wie viele gute Empfehlungen habe ich in diesem Bei-spiel bekommen? – Richtig: Zwei!
1. Die Empfehlung in ein für mich neues Netzwerk und
2. Die Empfehlung zu einer Kundin eines Teilnehmers

Das besonders Schöne an dieser Geschichte ist, dass mich mit meinem Empfehlungsgeber in der Zwischenzeit eine Freundschaft verbindet, dass ich das Geschäft mit der Kundin zur Zufriedenheit aller abschließen konnte und auch schon weitere Empfehlungen aus diesem Erlebnis bekommen habe.

Jetzt werden Sie zu Recht fragen: Und, wie hat er (der Empfehlungsgeber) aus der Geschichte profitiert? – Ich habe ihn in zwei für ihn neue Netzwerke eingeführt, aus denen er Aufträge ziehen konnte, und arbeite mit ihm an einigen Projekten.
(Noch eine kleine Randbemerkung: Ich habe geschrie-ben: „Mitbewerber", weil das ein Ausdruck ist, den man im Business halt so kennt. Wir haben aber keine Mitbe-werber, wir haben nur Mitbewunderer!) ☺

René Oblak lud mich sehr kurzfristig, im wahrsten Sinne des Wortes „von heute auf morgen", zu einer Veranstal-tung ein, bei der ich für die Teilnehmer, die in Gruppen aufgeteilt wurden, Vorträge über Netzwerken halten soll-te. Da ich für diesen Abend nichts anderes geplant hatte, sagte ich zu und nahm als Vortragender teil.

Diese Veranstaltung war für den Wirtschaftsbund. Die Teilnehmer und Teilnehmerinnen waren begeistert. Aus diesem kurzfristigen und für mich doch eher überraschenden Event konnte ich fünf gute Kontakte mitnehmen, die mir einiges an Geschäft bringen werden.

Und so sehen schlechte Empfehlungen aus:

Ich habe einen lieben Freund, mit dem ich Musik zu machen pflege. Ein sensationeller Gitarrist, aber ein unsagbar schlechter Netzwerker! Ich habe ihn in so manches Netzwerk eingeführt, und er konnte für eine der Firmen, für die er arbeitet, aus einem dieser Netzwerke schon gute Aufträge schreiben. Ja, er hat Danke gesagt! Seine Empfehlungen, die er mir regelmäßig zukommen lässt, sehen immer wie folgt aus:

Er schickt mir ein E-Mail, in dem er mich auf irgendjemanden aufmerksam macht, hat aber keinerlei Bezug zu den genannten Firmen oder Personen, und wenn er einen hat, traut er sich nicht, diese Menschen anzusprechen, geschweige denn, mich oder jemand anderen zu empfehlen.

Schon des Öfteren habe ich ihm gesagt, er brauche seine Hand nicht für mich ins Feuer zu legen, weil ich beim Ersttermin nur daran interessiert sei, den Menschen kennenzulernen. Wenn es dann passt, sagt mir dieser Mensch sowieso, was er möchte und ob ich die Person bin, der er Vertrauen entgegenbringen kann oder nicht. Vertrauen ist für den Verkauf der wesentlichste Entscheidungspunkt!

Wenn der Kunde Ihnen nicht vertrauen kann, wird er nur mit Druck abschließen! Wer unter Druck abschließt, der wird in der Phase der „Kaufreue" (siehe „Alles Leben ist Verkauf") seinen Auftrag stornieren. Der Erfolg: Keiner! Ganz im Gegenteil! Der Kunde, der storniert, ist derjenige, der Ihren Ruf innerhalb kürzester Zeit ruiniert!

Was kann ich mit solchen Empfehlungen anfangen? – Nichts! Richtig. Stellen Sie sich vor, ich rufe dort an und sage: „Herr Sowieso hat mir Ihre Telefonnummer gegeben und hat gemeint, ich solle mich bei Ihnen melden, weil er gehört hat, Sie haben ein Problem mit ..." Was glauben Sie, wird der oder die Angerufene mir zur Antwort geben? Natürlich kann man als guter Verkäufer oder gute Verkäuferin auch daraus noch einen Erfolg ziehen, aber es ist keine gute Empfehlung! Im Empfehlungsgeschäft, also beim Netzwerken, geht es darum, dem anderen Menschen die Türe so weit zu öffnen, dass er nur mehr hineingehen muss.

Hineingehen aber muss jeder selbst!

Tipp 5:
Gib gute Empfehlungen, dann bekommst du auch gute Empfehlungen!

Aktion und Reaktion auf gute Empfehlungen

Was ist die richtige Reaktion eines guten Netzwerkers, einer guten Netzwerkerin auf eine gute Empfehlung? Was würden Sie tun – besser noch: Was hätten Sie gerne, was der Empfohlene tun sollte?

Ich bekam eines Tags einen Hinweis, der mich in eine andere Stadt führte. Ich sollte dem Stadtmarketingverein ein Produkt liefern. Abgesehen davon, dass die Kundschaft nicht gekauft hat – das lag aber weder am Produkt, noch an meinem Verkaufsgespräch, sondern an der Tatsache, dass ein ortsansässiger Anbieter genommen wurde –, war die Empfehlung gut.

a. Was also habe ich getan, als der Termin zur Präsentation fixiert war? – Ich habe meinen Empfehlungsgeber angerufen und habe ihn über die Terminfixierung informiert!

b. Was habe ich gemacht, als der Termin vorbei war? – Ich habe meinen Empfehlungsgeber angerufen und ihm erzählt, wie der Termin gelaufen ist!

c. Wie glauben Sie, wie habe ich reagiert, als ich erfuhr, dass aus dem Verkauf nichts geworden ist? – Ich habe meinen Empfehlungsgeber angerufen und ihm gesagt, dass aus dem Verkauf nichts geworden ist und warum! Und – einer der wesentlichsten Punkte –, ich habe mich bei ihm für seine Bemühungen bedankt!

d. Und was glauben Sie ist danach passiert? – Er hat mich angerufen und mir eine weitere Empfehlung gegeben, die zum Erfolg und Verkauf geführt hat!

Nicht jede gute Empfehlung führt zum Erfolg, aber jede richtige Reaktion führt zu weiteren Empfehlungen!

Deswegen möchte ich Ihnen Folgendes ans Herz legen: Geben Sie über jede Aktion, die Sie mit Ihrem Empfehlungskontakt durchführen, an den Empfehlungsgeber Feedback. Am besten bei einem Kaffee, auf den Sie ihn einladen, es reicht aber auch ein Telefonat, ein E-Mail oder ein SMS. Aber vergessen Sie nicht zu informieren! Information ist die halbe Miete eines funktionierenden Netzwerks. Informieren Sie Ihr Netzwerk über Neuerungen in Ihrem Leben, in Ihrem Beruf. Aber vermeiden Sie bitte, diese Informationen zu übertreiben. Es interessiert niemanden, ob Sie gerade ein Vollkornbrot oder eine Semmel zum Frühstück essen.

Das sind die Informationsauswüchse, die in Facebook so gerne passieren. Ihr Netzwerk wird Ihre Infos, die vielleicht wichtig oder spannend wären, dann nicht mehr lesen. Sie sind dann auf der Blacklist oder im Junkmailordner untergebracht und werden dann auch nicht mehr besonders ernst genommen. Obwohl, manchmal darf man schon auch einen Witz oder etwas Humorvolles weiterleiten und verbreiten, aber es sollte sich in Grenzen halten. Sie dürfen aber jederzeit in Ihrem Netzwerk mein Buch empfehlen!

Tipp 6:
Reagiere auf deine Empfehlungen, das führt irgendwann unweigerlich zum Erfolg!

Wie kommt man zu einem guten Netzwerk und zu guten Empfehlungen?

Vom Beginn seines Lebens an baut grundsätzlich jeder Mensch an seinen Netzwerken. Aber, wie gilt es schon immer auf dieser Erde? – Es hilft nur wenig, etwas zu bauen, wenn es nicht gepflegt und erhalten werden will. Ein gutes, funktionierendes Netzwerk gehört gehegt und gepflegt wie ein Garten, in dem man seine liebsten Pflanzen angebaut hat. Aber bevor wir uns der Pflege unseres Netzwerkes zuwenden können, sollten wir erst einmal eines aufbauen. Am besten ein sehr breites und tiefes Netzwerk.

Mit der Breite des Netzwerkes sind die direkten Kontakte eines bestimmten Menschen gemeint, die Tiefe eines Netzwerkes entsteht aus sogenannten indirekten Kontakten, die wiederum die direkten Kontakte meiner direkten Kontakte sind. Das klingt jetzt ein bisschen verschroben und kompliziert, ist es aber nicht, wie Sie aus der Grafik auf der nächsten Seite ersehen.

Die indirekten Kontakte entwickeln sich irgendwann fast automatisiert zu direkten Kontakten, und zwar durch die Empfehlungen, die Sie aus Ihrem Netzwerk erhalten.

Die angeführten Plattformen sind lebendige Beispiele für den Erfolg.

Breite und Tiefe eines Netzwerks

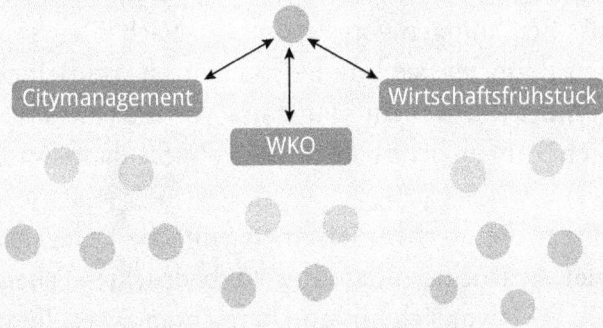

Citymanagement

Wirtschaftsfrühstück

WKO

→ Das sind Sie

→ Das ist die Netzwerkplattform

→ Ihre direkten Kontakte
aus der jeweiligen Plattform

→ Ihre indirekten Kontakte
aus der jeweiligen Plattform

Warum? – Der Mensch ist ein individuelles Herdentier. Wir sind alle gleich und doch total verschieden. Ich meine nicht nur die Differenz zwischen Mann und Frau – die ja in völlig anderen Denkmustern leben –, es denkt auch nicht jede Frau und jeder Mann gleich. Wir haben alle unsere eigene Geschichte und ganz eigene Erlebnisse.

Ich habe 1979 mit zwei Freunden eine lange und lustige Reise gemacht. Wir haben alles gemeinsam erlebt. Aber jeder von uns hat es doch ganz anders erlebt. Denken Sie an die Erzählungen von Erlebnissen nach einer gemeinsamen Reise, wie sie Ihre Reisegefährten von sich geben. Kommt es Ihnen nicht manchmal vor, dass Sie diese Reise nicht mitgemacht haben? Obwohl Sie dabei waren!

Nehmen Sie als Beispiel einen einfachen Gegenstand, wie ein bedrucktes Glas oder ein bedrucktes Feuerzeug. Legen Sie es vor sich hin und betrachten Sie es. Beschreiben Sie es im Detail. Dann drehen Sie diesen Gegenstand und beschreiben ihn wieder im Detail. Der Unterschied wird nicht phänomenal anders sein, aber es wird Unterschiede geben. Alleine deswegen, weil Sie das Ding aus einer anderen Perspektive betrachten.

Mir ist bei einer Netzwerkveranstaltung etwas Lustiges passiert: Ich meinte zu einem Netzwerkbekannten, dass wir uns einmal näher unterhalten sollten. Er ist jetzt nicht mein „Lieblingstyp", also nicht als echter Freund zu bezeichnen. Seine Interessen, sein Auftreten und seine Art, sich zu geben, sind nicht unbedingt den meinen gleich. Ich gehe davon aus, dass er das genauso sieht. Ich bin aber ein Mensch, der intensiv daran arbeitet, nicht zu werten. Jeder Mensch muss sich wohl fühlen, so wie er ist. Gut, weiter in der Geschichte. Er sagte darauf zu mir: „Wir brauchen uns nicht näher zu unterhalten, weil dein Auftreten gibt mir die Sicherheit, dass ich weiß, dass dein Produkt (die Businesssoftware) nicht dem entsprechen kann, was ich von einer seriösen Software erwarte."

Meine Antwort möchte ich Ihnen an dieser Stelle nicht vorenthalten: „Hast du dir schon einmal Gedanken darüber gemacht, wie gut das Produkt sein muss, mit dem ich so erfolgreich in meinem Job agiere, obwohl ich so auftrete?" Dazu muss man sagen, dass mein Auftreten schon ein wenig anders, oder auch ungewöhnlich ist. Aber darauf komme ich im Kapitel „Wie komme ich zu meinem Wiedererkennungswert" näher zu sprechen.

Mein Netzwerkkollege hat meine Dienstleistungen jedenfalls in Anspruch genommen!

Was ich Ihnen mit dieser Geschichte näher bringen wollte? – Er hat mich nur aus einer Perspektive betrachtet, und ich habe ihn dazu gebracht, einen neuen Blickwinkel einzunehmen. Und aus diesem Winkel hat er mich, mein Auftreten und meine Dienstleistung anders sehen können, was seinen Horizont erweitert hat. Es wird aber nicht umhingehen, dass Ihnen immer wieder Menschen begegnen, die eine starre Sicht der Dinge haben und keine weiteren Aspekte im Leben zulassen. Wer genügend Kontakte hat, der ist nicht darauf angewiesen, dass jeder Mensch seinem Weg und seiner Meinung folgt!

Wie passiert jetzt der Weg vom indirekten Kontakt zum direkten Kontakt? – Es ist alles ganz einfach, auch wenn es vielleicht ein wenig kryptisch klingen mag.

Sie müssen nicht alles können, nicht alles wissen und müssen sich nicht in göttliche Gefilde begeben, um ein guter Netzwerker, eine gute Netzwerkerin zu sein.

Der springende Punkt ist, für alle Bedürfnisse, die Sie selber haben oder auch Ihr Gegenüber, einen Kontakt parat zu haben.

Das klingt schwer, oder? – Man hat nicht für alles einen guten Kontakt, aber eventuell hat den jemand anderer, einer meiner Kontakte.

Was also tun? – Sagen Sie den Menschen, die Sie kennen, so genau wie möglich, was Sie suchen. Es kann natürlich ein wenig Zeit brauchen, aber glauben Sie mir, die Antwort wird kommen. Denn Ihr direkter Kontakt, wenn er nicht selbst den Zugang hat, wird in seinem Netzwerk verbreiten, was Sie suchen. Je genauer Sie Ihren Wunsch geäußert haben, desto genauer wird Ihr direkter Kontakt das in seinem Netzwerk weitergeben. Und dann kann es passieren – und das wiederum ist sehr wahrscheinlich –, dass sich jemand bei Ihnen meldet und fragt: Wie kann ich Ihnen helfen? – Nämlich genau diejenige Person, die Ihr Problem lösen kann. Oder sogar mehrere Personen innerhalb kurzer Zeit.

Jetzt sind Sie mit der Lösung Ihres Problems zufrieden und haben gleichzeitig jemanden kennengelernt, der möglicherweise aus der zweiten oder dritten Ebene der indirekten Kontakte kam und so zu einem direkten

Kontakt wurde! Und das, obwohl Sie die Person, die den Kontakt hergestellt hat, eventuell gar nicht persönlich kennen.

Eines Tages bekam ich von einem Freund aus Wien einen Anruf, ich solle mich bei einem Grazer Fußballverein wegen einer Softwarelösung melden. Er persönlich kannte die Ansprechperson selbst auch nicht, aber einer seiner Freunde hatte in einem Gespräch erwähnt, dass dieser Verein nach einer Lösung suche. Mein Freund gab mir die Telefonnummer des Kontaktes und beim Anruf bezog ich mich auf den Namen seines Freundes. Da mein Freund und auch sein Freund gute Netzwerker sind, hatte der Kontakt beim Fußballverein bereits auf meinen Anruf gewartet.

Jetzt habe ich den direkten Kontakt. Den Freund meines Freundes kenne ich noch immer nicht! Aber so wird aus indirekten Kontakten, egal aus welcher Ebene, ein direkter Kontakt!

Tipp 7:
Baue an deinem Netzwerk, nimm dir Zeit und Muße dafür – es zahlt sich aus!

Ich baue mein Netzwerk aus

Zum ersten Ausbau Ihres Netzwerkes brauchen Sie ein wenig Zeit und Muße. Intensivieren Sie:

1. Ihre persönlichen Kontakte:
   a. Ehemalige SchulfreundInnen
   b. Ex-ArbeitskollegInnen
   c. Ex-StudienkollegInnen
   d. Den/Die WirtIn des Lieblingslokals
   e. Den/Die VerkäuferIn in Ihrem Lebensmittelgeschäft
   f. FreundInnen Ihrer Partnerin / Ihres Partners
   g. Familienangehörige
   h. FreundInnen und deren FreundInnen

2. Kontakte zu Institutionen:
   a. Wirtschaftskammer
   b. Wirtschaftsförderungsinstitut
   c. Campus/Fachhochschulen
   d. Stadtverwaltung / Citymanagement
   e. Landesverwaltung
   f. Politisch geführte Institutionen

3. Kontakte zu Vereinen und Initiativen:
   a. Freiwillige Feuerwehr
   b. Rettung
   c. Vereine aller Art

Als gutes Beispiel sei hier das Wirtschaftsfrühstück erwähnt, eine private Initiative zweier erfolgreicher Coaches, die sich hauptsächlich dem Thema der richtigen Personalentwicklung verschrieben haben.

Über viele dieser Kontakte können Sie zu Veranstaltungen eingeladen werden. Manche sehr interessant, manche weniger spannend, aber alle diese Veranstaltungen haben eines gemeinsam: Es kommen andere Menschen hin, die Sie kennenlernen können!

Und lassen Sie sich nie vom äußeren Auftreten eines Menschen täuschen! So manche Leute schauen aus, als könnten sie nicht bis drei zählen, sind aber GeschäftsführerIn eines bedeutenden Unternehmens oder gar der Inhaber, die Inhaberin.

Wenn ich mich selbst im Spiegel betrachte, bin ich mir sicher, dass so mancher Mensch, dem ich begegne, sich nicht im Klaren darüber ist, ob ich beim Zählen über drei hinauskomme. Da haben sich schon einige ein wenig getäuscht! Ich kenne sogar die Zahl Vier!

Tipp 8:
Du sollst dich nicht täuschen!

Kleider machen Leute, nicht immer!

In den meisten der verschiedenen sogenannten Lehrbücher über Verkauf sowie in einigen Berufen, wie zum Beispiel Bank- und Versicherungswesen, wird dir gepredigt, dass du ohne Anzug und Krawatte, beziehungsweise ohne Kostüm, kein Mensch bist, den man ernst nehmen kann. Dieser Lehrmeinung schließe ich mich nicht an und habe trotzdem meinen Erfolg.

Es macht natürlich keinen Sinn – sollten Sie jetzt in einer solchen Branche arbeiten –, aufgrund meines Buches eine Revolution anzuzetteln, weil Sie gerne meiner Theorie folgen wollen. Wenn in Ihrem Metier diese Kleidungsvorschrift vorherrscht, sollten Sie sich dieser Knechtschaft beugen oder eine Branche suchen, in der Sie Ihre Persönlichkeit ausleben dürfen und trotzdem erfolgreich sein können.

Wenn Sie aber in Ihrem Metier bleiben wollen, so heißt das, Sie gehen in Anzug und Krawatte, beziehungsweise im Kostüm, zu Netzwerktreffen, wo andere ziemlich leger auftreten. – Das wiederum gibt Ihnen einen gewissen Wiedererkennungswert!

Das viel Wesentlichere bei Netzwerktreffen ist zu erkennen, warum ich dorthin gehe. Warum also geht man zu solchen Veranstaltungen, und zwar jeder, der dort hingeht? Weil man Kontakte zu anderen Menschen und Unternehmen knüpfen möchte.

Viele Menschen sind schüchtern und scheu. Aber auch diese brauchen den Kontakt – wie gesagt: Der Mensch ist ein individuelles Herdentier. In diesem Zusammenhang liegt die Betonung nicht wie im Kapitel „Wie kommt man zu einem guten Netzwerk und Empfehlungen?" auf dem Individualismus, sondern auf Herdentier. Das bedeutet, dass wir Menschen – mit sehr wenigen Ausnahmen – nur dann glücklich sind, wenn wir uns in Gesellschaft befinden. Warum verlassen Frauen, die von ihrem Mann misshandelt werden, diesen trotzdem nicht? Aus der Angst, allein zu sein!

Wir Menschen bedürfen, um uns weiter entwickeln zu können, um Freude zu erleben, um Ängste überwinden zu können, immer anderer Menschen, die uns bestätigen, uns Halt geben, uns neue Perspektiven eröffnen.

Ohne das Wunder Mitmensch, mit all seinen Vorzügen und Nachteilen, würden wir nicht existieren können, denn auch wir brauchen eine Herde, mit der wir ziehen können, die uns Sicherheit und Halt gibt, die uns belehrt und uns manchmal verärgert und uns Schmerzen zufügt.

Nun stehen Sie vielleicht in einer Ecke einer Veranstaltung und sind verwundert, wie die anderen das nur machen. Die reden alle miteinander, tauschen Visitenkarten aus, treffen Vereinbarungen und lachen miteinander. Sie aber stehen am Rand, fühlen sich unwohl, weil Sie Angst haben, nicht akzeptiert oder gar ausgelacht zu werden.

Wie können Sie das umgehen, wie kann man das ändern oder verbessern? Der Tipp, den ich Ihnen gebe, sollten Sie unter Schüchternheit leiden, hört sich ein wenig verschroben an, aber die Methode hilft:

Stellen Sie sich nackt vor den Spiegel und beginnen Sie sich und Ihren Körper, der die äußere Hülle Ihres Seins darstellt, zu akzeptieren und zu lieben! Schauen Sie rein und sagen Sie sich laut: „Ich liebe mich!" In dem Moment, wo Sie beginnen, sich mit allen Vorzügen und Schwächen uneingeschränkt zu lieben und zu akzeptieren, werden auch alle anderen Menschen das tun. Diejenigen, die sich über Ihr Aussehen, Ihren Körper, Ihre Schwächen lustig machen oder versuchen, Sie zu erniedrigen, sind jene, denen es selbst am meisten an Selbstbewusstsein, Selbsterkenntnis und Selbstwert mangelt. Mit diesem Wissen und dem Mut, sich dieses Wissens zu bedienen, kann Ihnen niemand mehr ans Leder.
Machen Sie sich bewusst, dass jeder Mensch Stärken und Schwächen hat, jeder! Ohne Ausnahme! Nicht nur ich und Sie, jeder!

Wenn Sie sich Ihre eigenen Schwächen bewusst machen, wird Sie niemand mehr darauf aufmerksam machen müssen! Und ich wiederhole es noch einmal, weil es immens wichtig ist: Jeder Mensch hat Schwächen!

Diejenigen, die versuchen, Sie zu erniedrigen, brauchen sinnbildlich gesehen ein Paar Schultern, auf denen sie ihre eigene Winzigkeit erhöhen können. Das ist wie in einem Sumpf. Einer geht unter, der andere stellt sich auf dessen Schultern, um zu überleben, aber für wie lange?

Wenn Sie offen und ehrlich anderen Menschen begegnen, wie zum Beispiel auf einem Netzwerktreffen, und Sie sehen jemanden, der sicher über das Parkett tänzelt, gehen Sie hin und sprechen Sie diesen Menschen an, wenn Ihr Bauchgefühl sagt, dass es okay ist. Sagen Sie zu dieser Person Folgendes: „Darf ich Sie kurz stören? Ich habe gesehen, dass Sie so sicher und mit so viel Freude neue Kontakte schließen. Ich bin mehr von der scheuen Art und wollte Sie fragen, wie man das macht, dass man so sicher und zielgerichtet wird wie Sie? Wären Sie bitte so lieb und würden mir helfen?" Ich bin mir sicher, dass die Person sich nicht nur geschmeichelt fühlt, nein, sie wird Ihnen viele Leute vorstellen und Ihnen helfen, sich auch sicher auf diesem Parkett zu bewegen. – Wenn nicht, ist die Person aus der Kategorie a. im Kapitel „Wie profitiere ich von richtigem Netzwerken?" – das war die, die als Darmmikrobe wiedergeboren wird.

Ein guter Netzwerker, eine gute Netzwerkerin, wird Freude daran haben, Ihnen zu helfen! Wenn keiner da ist, der Ihnen Hilfe gewährt, schauen Sie genau, ob Sie mich dort entdecken, ich helfe Ihnen!

Es wurde noch kein Mensch als Generaldirektor geboren, alle haben unten angefangen. Das gilt auch für das Netzwerken. Irgendwann war jeder einmal das erste Mal auf einem Netzwerktreffen.

Sie werden es vielleicht nicht glauben – vor allem dann nicht, wenn Sie mich persönlich kennen –, aber auch ich stand anfangs am Rande und sah der Menge, die lachte, sich unterhielt und Kontakte schloss, verwundert und ein bisschen verzweifelt zu.
Dann kam ein Bekannter auf mich zu und zog mich in die Menge, stellte mich diversen Leuten vor und Schwupps war ich mitten im Geschehen und ein Teil dieses wabbelnden, lachenden Ungetüms, das sich NetzwerkerInnen nennt.

Ich mache es meinem Bekannten nach und ziehe Leute in die Netzwerke rein, weil Netzwerke nur dann funktionieren, wenn immer neue Menschen sich anschließen. Aber selbst wenn oft dieselben Leute bei Veranstaltungen sind, kann man genial netzwerken.

Ein leuchtendes Beispiel eines professionellen Netzwerkes ist BNI. Ein amerikanisches Franchisesystem, das sich zur Aufgabe gemacht hat, Unternehmerrunden zu gründen und zu begleiten.

Man kann nie in zu vielen Netzwerken sein! Gute Netzwerke erkennt man daran, dass es keine Verkaufsveranstaltungen sind, von denen Sie mit Heizdecken oder sonstigem Zeugs heimgehen, das Sie nie haben wollten.

Tipp 9:
Gehe zu vielen Netzwerktreffen und arbeite an deinem Selbstwert!

Wie komme ich zu meinem Wiedererkennungswert?

Mein Freund und Netzwerkkollege René Oblak – er wird in einem eigenen Kapitel des Buches noch seinen Sermon über die Stimme und ihre Bedeutung beim Netzwerken ablassen – hat einen sehr breiten Rücken und über dem trägt er ein T-Shirt, worauf sehr groß geschrieben steht:

VOICE - ACADEMY
stimmt einfach!

Sie können sich nicht vorstellen, wie viele Gespräche er alleine wegen seines T-Shirts bereits geführt hat. Der Mensch ist ja grundsätzlich sehr von Neugier geplagt. Und wenn wir uns selbst gegenüber ehrlich sind, wir auch.

Also kommen die Leute zu ihm und beginnen in 90% der Fälle ihre Sätze ungefähr so: „Entschuldigung, darf ich Sie fragen, was die Voice Academy so macht?" – Jetzt frage ich Sie: „Glauben Sie, ist das ein Nachteil oder ein Vorteil, wenn Menschen Sie ungefragt bei Veranstaltungen ansprechen?"

Sollten Sie das jetzt innerlich als einen Nachteil bezeichnet haben, beginnen Sie bitte das Buch bei Seite eins nochmals zu lesen. Es könnte sein, dass Sie da etwas nicht ganz verstanden haben. Oder schicken Sie mir ein E-Mail und beschimpfen mich als Ignoranten, weil ich Ihnen das nicht richtig erklärt habe.

Was will ich Ihnen als Tipp aus dieser Geschichte mitgeben?

1. Seien Sie authentisch, arbeiten Sie zugleich an einem Wiedererkennungswert!

2. Wenn Sie das nicht möchten, suchen Sie sich einen Menschen, der gerne mit Ihnen gemeinsam netzwerkt, der einen großen Wiedererkennungswert mitbringt, und schwimmen Sie profitabel in seiner Authentizität!

3. Wenn Sie weder über das eine noch das andere verfügen können oder wollen, machen Sie sich eine Visitenkarte, die Sie einzigartig macht. Eine, die niemand wegwirft. Aber bedenken Sie, dass die Originalität, die dieses Meisterwerk ausmacht, trotz allem nicht aus der normalen Form fallen darf, da sie sonst gar niemand erst mitnimmt, weil sie nicht in die Brieftasche passt. Also muss diese Visitenkarte nicht nur einzigartig und originell sein, nein, sie muss trotzdem allen Normen entsprechen.

Ich habe es mir leichter gemacht: Meine langen naturgelockten Haare stempeln mich in meinem Alter zum

Berufsjugendlichen, was ich auch nie bestreite, ich nutze es sogar für mich selbst und sage: „Ich bin Martin." Viele fragen dann: „Und was machst du so?" Und ich antworte: „Sieht man das nicht? – Ich bin Berufsjugendlicher!"

Mein Auftreten ist, egal ob ich einen Anzug anhabe oder nicht, ungefähr so: Mein Hemd ist immer nahezu bis zum Bauchnabel offen. Es gab viele Momente, wo jemand zu mir meinte: „Du hast einen Knopf vergessen!" Die Person wollte mir damit offensichtlich sagen, mein Hemd sei zu weit offen, ich sei nicht geschäftlich genug gekleidet. Meine Reaktion auf diesen Hinweis ist, dass ich Danke sage und noch einen Knopf öffne. Dann sieht man fast meinen Bauchnabel. Gut, ich gebe Ihnen recht, so schön ist mein Körper nicht, als dass ich ihn allen präsentieren müsste. Aber ich habe es zu einem meiner Markenzeichen gemacht. Ich hatte es nicht darauf abgesehen, für mich ist es einfach bequem, ich mag es, wenn ich im Halsbereich meine Freiheit habe. Irgendwann wurde ich dann darauf angesprochen, habe so reagiert wie beschrieben und meine Umgebung damit erheitert, ohne einen Fauxpas zu begehen.

Wenn Ihre Umgebung lacht, entspannt sich die Atmosphäre und die Menschen schenken Ihnen Aufmerksamkeit. Die Gespräche, die ich führe, sind in erster Linie privater Natur, es wird viel gelacht und gescherzt. Erst wenn mein Gegenüber wirklich – und ich meine wirklich! – etwas über meine Profession wissen möchte, erzähle ich über die Businesssoftware. Oftmals bedarf es einiger zufälliger oder vereinbarter Treffen, bevor dieser Mensch für die Information, die ich ihm über mein Produkt geben kann, offen ist. Wenn Sie an dieser Stelle Ihr Gegenüber zulabern, dann wird es nie mehr zuhören!

Ein weiteres Merkmal meiner Person sind die langen Haare, die ich offen trage. Auch nicht gerade businesslike, aber die Menschen erkennen mich wieder, weil die meisten Leute, die bei solchen Veranstaltungen sind, sich zu uniformieren versuchen, um nicht aufzufallen. Wenn Sie beim Netzwerken erfolgreich sein wollen, dann sollten Sie sich ein Alleinstellungsmerkmal finden, damit man Sie wiedererkennt. Machen Sie sich interessant! Ich habe mir jetzt auch noch einen Mantel zugelegt, der mich auf der Straße und bei jeder Veranstaltung in den Blickpunkt stellt.

Sollten Sie einmal nicht in der Stimmung sein, die Aufmerksamkeit von vielen zu bekommen, uniformieren Sie sich und gehen Sie trotzdem zum Netzwerken. Viele Menschen dort werden Sie schon kennen, und man findet auch Kontakt, ohne den Kasperl zu machen.
Der wichtigste Punkt bei solchen Veranstaltungen ist, dass Sie sich wohl fühlen. Nur wer sich in seiner Haut wohl fühlt, ist authentisch. Und Ich-Sein ist der erste Punkt, um Vertrauen aufbauen zu können.

Es muss nicht jeder an Ihrem Produkt interessiert sein, aber nahezu jeder ist an neuen Kontakten und an Menschen interessiert (Herdentier!). Geben Sie sich und allen anderen die Chance, Vertrauen aufbauen zu können.

Vertrauen ist die wichtigste Grundlage eines seriösen Geschäftes. Ich bin mir sicher, auch Ihnen ist es schon so gegangen wie mir: Sie kommen in ein Geschäft und werden von einem miesen Verkäufer derart niedergequatscht, dass Sie etwas kaufen, nur damit Sie Ihre Ruhe haben. Des Weiteren bin ich mir sicher, dieses Geschäft haben Sie nicht mehr so schnell betreten, oder?

Jetzt werden Sie sich nach der Beschreibung meiner eigenen Person vielleicht fragen: „Wie soll man einem langhaarigen Scherzkeks, der nicht seriös gekleidet is, abkaufen, dass er seriös ein Produkt verkaufen kann, das ja nicht gerade eine Wurstsemmel ist?"

Businesssoftware ist ein Produkt, welches über Ihre Finanzen, über Ihren Erfolg im Unternehmen Bescheid geben muss und den Erfolg auch bestimmt. Es soll Ihre ganzen Prozesse aufzeichnen, erleichtern und verbessern. Und dann steht Ihnen das Scherzkekserl gegenüber, wie kann das gehen? Denken Sie an meinen Tipp Nummer acht: „Du sollst dich nicht täuschen!"

Warum die Menschen mir ihr Vertrauen schenken liegt daran, dass sie merken, dass ich echt bin, dass ich nicht versuche, irgendjemandem etwas vorzugaukeln. Ich bin auch privat ein langhaariges Scherzkekserl, das gerne mal auf der Bühne steht und Musik macht.

Vertrauen schenkt man nicht der Person, die eloquent in jeder Situation wie aus dem Ei gepellt über das Parkett schwingt, sondern den Menschen, die echt, einfach authentisch sind. Wie immer Sie bei Veranstaltungen auftreten, seien und bleiben Sie Sie. Versuchen Sie, einen eigenen Weg zu finden, der Sie so führt, dass Sie ein Alleinstellungsmerkmal haben, jedoch ohne sich von Ihrem Sein und Weg ablenken zu lassen.

Authentizität (ein schweres Wort, bei dem ich immer, wenn ich live irgendwo sprechen soll, herumstottere und ins Wanken komme) ist aus meiner Sicht einfach einer der wichtigsten Punkte im Verkauf, siehe: „Alles Leben ist Verkauf".
Also ist jeder Auftritt in der Öffentlichkeit – und diese definiert sich in dem Moment, wo sich ein anderer Mensch zu Ihnen gesellt – Verkauf.
Sei das zu Hause, wo Sie Ihren Kindern klarmachen möchten, dass sie rechtzeitig zur Schule gehen sollten, oder im Job, wo Sie dem Kollegen, der Kollegin Ihre Kompetenz darstellen wollen oder sogar müssen, bis hin zu den KundInnen, die Ihre Dienstleistung, Ihr Produkt kaufen sollen.
Vergessen Sie aber nie dabei, dass Ihre Kinder für sich den Auftrag haben, Ihnen zu verkaufen, warum es nicht

notwendig ist, rechtzeitig in der Schule zu sein, oder warum es überhaupt nicht notwendig ist, irgendwas zu lernen.

Wenn Sie authentisch sind, also Theaterdonner und Machtgehabe beiseite lassen und einfach Ihre Wünsche, Ihre Hoffnungen, aber auch Ihre Ängste und Schwächen offen kommunizieren, ohne jedem gleich alle Last Ihrer Sorgen um den Hals zu hängen, dann wird sich Vertrauen aufbauen und Sie werden erfolgreich Ihr Netzwerk verdichten und verbessern. Auch zu Hause.

Tipp 10:
Schaffe deinen Wiedererkennungswert und baue Vertrauen auf!

Humor und Freude –
zwei Grundsätze des Netzwerkens!

Ein weiterer wesentlicher Vorteil beim Netzwerken und für den eigenen Wiedererkennungswert: der Humor!

Lernen Sie zu lachen, auch über sich selbst! Wenn Sie versuchen, beim ersten Kennenlernen einer neuen Person, eines Menschen, dem Sie noch nie zuvor begegnet sind, etwas zu verkaufen, sollten Sie ab jetzt noch ein wenig mehr Zeit mit diesem Buch verbringen – lesen Sie auch das, was ich nicht oder nur zwischen den Zeilen geschrieben habe!
Denn, etwas sofort zu verkaufen, wird Ihnen nur mit einer Riesenportion Glück gelingen – dazwischen gehen allerdings mindestens einhundert potentielle Kontakte kaputt!

Gehen Sie immer von sich selbst aus, als „Gefühls-Objektivator" sozusagen: Stellen Sie sich vor, Sie nehmen zum ersten Mal an einem Netzwerktreffen teil, ich komme Ihnen entgegen – Sie kennen mich nicht –, ich beginne Ihnen über die sensationelle Businesssoftware zu erzählen und fahre gedankenlos über Sie drüber. Sie haben aber gerade in dem Geschäft, wo Sie arbeiten oder der Chef, die Chefin sind, z.B. extreme Sorgen wegen eines Mitarbeiters, einer Mitarbeiterin. Wird Sie mein

Gelaber über Software, die Ihnen derzeit aber sowas von am A... vorbeigeht, interessieren? Möchten Sie mit einem so gedankenlosen Menschen weiterhin in Kontakt bleiben? Ich glaube: nein! Bauen Sie Vertrauen auf. Wie das geht? Reden Sie mit den Menschen und vor allem: Hören Sie zu! Fragen Sie, wie Sie Ihnen helfen können, ob Sie etwas für sie tun können.

Gleiche Situation anders: Ich komme auf Sie zu und wir beginnen zu reden. Ich höre Ihnen zu, ich frage Sie, was Sie so tun, ich bestätige Ihnen, dass ich weiß, dass Angelegenheiten mit MitarbeiterInnen manchmal gar nicht so leicht sind, weil ich selbst in einigen Unternehmen die Ehre hatte, Chef zu sein und ich als Mitarbeiter verstehe, selbständig zu denken. Zum Abschluss vereinbaren wir, dass Sie sich bei mir einmal melden, oder ich mich bei Ihnen, wo wir uns dann in Ruhe bei einem Kaffee, oder was auch immer, unterhalten können. – Kein Wort von Businesssoftware, kein Verkaufsgespräch, einfach ein Gespräch zum näheren Kennenlernen! Ich bin mir sicher, Ihre Neugier wird Sie irgendwann soweit treiben, dass Sie mich fragen: „Was machen Sie eigentlich?" – Und eines weiß ich bestimmt: Wenn Sie dann nicht mein Kunde werden, dann bringen Sie mir zumindest einen guten Kontakt! Warum? Weil ich sehr gerne lache – so wie jeder Mensch –, nur haben wir das verlernt, denn Lachen ist nicht „businesslike". Und wissen Sie, warum ich in all meinen Gesprächen gerne und viel lache (nebenbei bemerkt auch die Menschen, die mit mir Gespräche führen)? – Weil ich Spaß und Freude an meiner Arbeit habe, weil ich auch lachen kann, wenn jemand mich als Ziel seines Humors definiert. Ich kenne meine Schwächen und Fehler, ich weiß, dass ich davon welche habe, ich kann aber dazu stehen – darum kann ich auch darüber lachen!

Ich bitte alle hardcore NetzwerkerInnen jetzt für all die humorlosen Menschen, die den ganzen Tag nur einer ernsthaften Arbeit unterliegen, eine Gedenk- und Schweigeminute einzulegen. Diese Menschen sind arm!

Stellen Sie sich vor, wir wären alle nur Ernst! Da gäbe es keine Frauen, die diese Welt so herrlich bunt machen und beflügeln (die würden zumindest Ernestine oder so heißen). Ok, ich kenne auch ein paar liebe Menschen, die Ernst heißen, aber ich heiße lieber Martin.

Zurück zum Thema: Lernen Sie das, was Sie tun, zu lieben, dann können Sie auch getrost darüber lachen und Ihrer Arbeit mit Humor begegnen. Wenn Sie Ihre Arbeit lieben, werden auch Ihre Kunden Ihre Arbeit lieben! Wenn Sie jeden Tag mit grantigem Gesicht vor dem Spiegel stehen, lächelt Ihnen niemand zu!

Jaja, ich weiß, jetzt werden Sie sagen: „Was weiß denn der schon von meiner Arbeit?" – Ich gestehe: nichts! Aber Sie werden es nicht glauben, auch ich muss so einige Dinge in meiner Arbeit tun, die mir wenig oder gar keinen Spaß bereiten; das ist in jedem Job so. Und trotzdem stehe ich jeden Morgen vor dem Spiegel und lache mich an. Ich freue mich, wenn die Sonne scheint oder wenn es regnet; selbst wenn der Nebel dick durch die Stadt zieht, habe ich meine Freude daran. Warum? Ich kann es sowieso nicht ändern! – Warum, frage ich mich, sollte ich mir vom Wetter oder irgendwelchen schlechtgelaunten Menschen, die neidzerfressen oder humorlos sind, den Tag verderben lassen. Nur weil die meisten anderen Menschen aus einer Art Pseudozwangsverpflichtung heraus ihre Heiterkeit auf dem Altar der Griesgrämigkeit opfern?

Ich gehe sehr gerne durch die Stadt und sehe mir die Menschen an: die meisten laufen mit verhärmten Gesichtern durch die Straßen, weil sie so viel Leid haben und sich selbst so leid tun. Dabei schaffen sie sich ihr Leid selbst. Ich war einige Male in Sri Lanka in einer Akkupunkturklinik für die Ärmsten der Armen. Dort habe ich Leid gesehen. Seltsamerweise haben diese Menschen alle gelächelt!

Freuen Sie sich über Ihr Leben, auch wenn es harte Momente und Schicksalsschläge gibt! Lachen Sie ein wenig und immer mehr auch über sich selbst, und Sie werden sehen, dass das Leben Facetten bieten kann, die Sie bis dahin noch gar nicht sehen konnten. Das Leben geht weiter, mit oder ohne Humor und Freude. Nur lässt es sich mit diesen beiden Aspekten des Lebens leichter leben.

Und noch eines werden Sie feststellen: Sie werden im Netzwerken immer erfolgreicher, je mehr Spaß, Freude und Humor Sie entwickeln! Das Leben ist viel zu kurz, als dass man es mit Gram, selbstauferlegtem Stress und Zorn hinter sich bringen sollte.

Jetzt könnten Sie sich fragen: „Was weiß denn der von meinem Stress, der geht ja nur von Veranstaltung zu Veranstaltung?" – Stimmt! Aber das von Montag 7.00 Uhr bis Donnerstag 23.00 Uhr, mit täglich nicht mehr als fünf bis sechs Stunden Schlaf. Und zwischendurch erledige ich noch meine Kundentermine – und das sind nicht zu wenige. Aber ich habe keinen Stress!

Mein Bruder hat mich bei einer Familienfeier einmal gefragt, ob ich mir die Haare färbe. Ganz verwundert habe ich mit „warum" geantwortet. „Na, du hast keine grauen Haare", meinte er. Meine Antwort: „Ich lass mir halt keine wachsen!"

Wer den Stress braucht, um vor sich selbst und den anderen als tüchtig, gut und fleißig dazustehen, dem kann man nicht helfen. Dieser Mensch braucht Stress. Wer sich seines Selbst bewusst und seiner selbst wert ist, der braucht keinen Stress, um jemand zu sein, der ist jemand – nämlich er selbst!

Tipp 11:
Gib deinem Leben Freude und Humor!

Die ständige Erweiterung

Um sein Netzwerk am Laufen zu halten, reicht es nicht aus, eines zu schaffen. Viele Menschen fragen mich, warum denn meine ehemaligen SchulkollegInnen für mein Netzwerk überhaupt wichtig seien? Oder die Kinder, mit denen ich im Sandkasten gespielt habe? Eine einfache Frage, auf die es eine einfache Antwort gibt: Ein soziales Netzwerk besteht aus sehr vielschichtigen Menschen und deren Anliegen.

Es besteht nicht nur aus Kontakten, die wir geschäftlich nutzen können und die uns persönliche Vorteile bringen! Wussten Sie schon als Kind, was Sie werden wollen, oder: Was ist aus den Kindern geworden, die mit Ihnen den Sandkasten geteilt haben?
Denken Sie an Regel Nummer eins: Geben heißt das Stichwort!
Wer kann heute von sich behaupten zu wissen, was in ein, zwei Jahren ist? Ich kann es nicht! Man kann davon ausgehen, dass man weiß, was man gerne hätte, man kann Vorstellungen, Hoffnungen und Träume haben, aber wissen können wir es nicht!
Menschen, ihre Wünsche und Gedanken, sind das höchste Potential!

Darum ist es wichtig, sein Netzwerk ständig zu erweitern. Je größer unser Netzwerk ist, desto größer ist das Potential der Wünsche und Gedanken, über welches wir verfügen!

Und dabei geht es nicht um meine Egoeinflüsse, es geht um das Potential, das wir alle gemeinsam entwickeln können! Jeder Mensch hat Fähigkeiten, der eine mehr in die eine, der andere mehr in eine andere Richtung. Wenn jeder nur an seiner Richtung arbeitet und keinen anderen dazu lässt, gehen wir wohin? – Richtig! In eine Einbahn, wir haben dann so einen Tunnelblick. Aber andere Menschen haben andere Perspektiven, und wir können unsere Sicht erweitern und öffnen, wenn wir auch das sehen lernen, was andere Menschen zu sehen im Stande sind!

Das wiederum heißt, je mehr Perspektiven wir für uns öffnen können, desto mehr werden wir sehen! Je mehr wir sehen, desto breiter ist der Horizont, an dem wir unsere Zukunft orientieren können. Das ist auch eines der Hauptprobleme unserer derzeitigen politischen Landschaft, dass die Politik, anstatt zum Wohle aller zu arbeiten, durch die diversen Tunnelblicke der politischen Parteien sehr eingeschränkt wird. Ich möchte hier aber nicht schimpfen oder klagen, sondern einen Weg zeigen, der uns aus diesem Dilemma führen kann: Wir erweitern ständig unsere Netzwerke, werden dadurch mit vielen Sichtweisen verschiedenster Menschen konfrontiert und haben die Möglichkeit, unseren eigenen Horizont zu erweitern. Wenn wir unseren Horizont erweitern, macht das unser Gegenüber genauso! – Es bleibt ihm gar nichts anderes übrig.

Also empfehle ich Ihnen an dieser Stelle: Besuchen Sie viele Veranstaltungen und reden Sie einfach mit den Menschen dort!
Auch wenn Sie nicht immer deren Meinungen teilen, hören Sie zu und denken Sie darüber nach. Vielleicht sind die Gedankengänge der anderen doch nicht immer so falsch, wie man oft zu glauben neigt! Versuchen Sie, eine Meinung gelten zu lassen und die Ansicht eines anderen Menschen einmal von seiner Perspektive aus zu betrachten.

Das soll jetzt nicht heißen, dass Sie ständig Ihre Meinung ändern und wie eine Fahne im Wind hin und her schwenken sollen, sondern nur, dass Sie zur Erkenntnis gelangen mögen, dass auch andere Menschen durchaus gute Ideen haben können, nicht nur Sie, oder ich!

Wenn Sie den anderen Menschen zuhören, werden Sie sehen, wie spannend deren Leben oft verlaufen, und Sie werden feststellen, dass so manche Parallelen zu Ihrem Leben bestehen. Obwohl Sie einen anderen Weg gegangen sind. Ob der dann immer der richtige war, weist sich oft erst im Nachhinein.

Ich habe mit einem ganz lieben Kollegen aus einem geschlossenen Netzwerk (ein geschlossenes Netzwerk ist nicht für jeden Menschen betretbar, nur mit persönlicher Einladung durch eines der Mitglieder) ein Gespräch unter vier Augen geführt. Der Sinn dieses Gespräches war, einander besser kennenzulernen, um sich bei Kunden empfehlen zu können. Ich persönlich kann nur Menschen empfehlen, von denen ich das Gefühl habe, sie arbeiten seriös, gut und schnell. Um eben zu erkennen, wie das so ist, haben wir dieses Gespräch geführt.

An einem Punkt kam von meinem Kollegen die Aussage: „Nein, das sehe ich nicht so. Da bin ich ganz anderer Meinung!" „Super", antwortete ich, „finde ich gut!" Mein Gegenüber war perplex. Ich gehe davon aus, er hatte sich erwartet, ich würde meine Meinung gegen seine Meinung verteidigen. Tat und tue ich aber nicht, weil ich es schön finde, dass wir Menschen aufgrund unserer Erlebnisse und Erfahrungen verschiedener Ansicht sein dürfen! Ich habe über seinen Blickwinkel nachgedacht und dadurch meinen Horizont dahingehend erweitert, dass ich jetzt weiß, dass man in diesem Bezug auch anders denken kann. Und das war super!

Tipp 12:
Gehe zu vielen Veranstaltungen und erweitere dein Netzwerk und deinen Horizont!

Was muss ich beim Netzwerken immer dabei haben?

Es gibt ein paar grundlegende Dinge, die Sie als gute Netzwerkerin, als guter Netzwerker immer dabei haben sollten:

1. Visitenkarten in ausreichender Anzahl!

a. Diese sollten – auch für ältere Berufsjugendliche wie mich – gut lesbar sein.
Die neue Mode ist eine fünf Punkt kleine, schwarze Schrift auf grauem Untergrund. Super, diese Visitkarte landet bei mir im Schredder! Ich kann sie nicht lesen! Was habe ich nun von einer Karte, die ich nicht lesen kann? Visitenkarten sind zu hart und zu klein, als dass ich sie als Toilettenpapier verwenden könnte. Lesen kann ich sie auch nicht, schreiben darauf auch nicht und Sudoku kann ich darauf auch keines lösen, weil keines aufgedruckt ist! Also? Was soll ich damit tun? – Sollten Sie für mich einen Alternativvorschlag parat haben, schicken Sie mir bitte, bitte ein E-Mail!

b. In genügender Anzahl heißt, wenn Sie zu einer Veranstaltung gehen, wo viele hundert Leute hin kommen, reichen ein paar wenige. Warum? Weil solche Veranstaltungen nur sehr schwer als gute Netzwerkveranstaltung zu werten sind. Warum geht man trotzdem hin? Weil beim Netzwerken auch das „Wer war dort?" ein bisschen zählt. Man wird gesehen und sieht! Bei einer Veranstaltung, zu der zwanzig bis dreißig Menschen kommen, nehmen Sie zirka dreißig bis vierzig Visitkarten mit. Da kann sehr viel passieren und gute Kontakte können entstehen. Aber nur, wenn Sie genügend gut lesbare Karten mithaben!

2. Terminkalender.

Sie sollten auch immer in der Lage sein, wenn jemand meint, er würde gerne einen persönlichen Termin mit Ihnen machen, diesen auch zu fixieren. Viele, vor allem die jüngere Generation, macht das in der Zwischenzeit mit dem Smartphone. Ich gehöre noch zur Papiergeneration, also bin ich so etwas wie ein lebendes Fossil, ☺ aber ich kann gut damit leben.

3. Kugelschreiber, oder Stift.

Das Schreibzeug brauchen Sie, um sich auf der Rückseite der Visitkarten Notizen zu machen. Glauben Sie mir, wenn Sie nicht innerhalb kürzester Zeit Ihre Kontakte bearbeiten und verwalten, brauchen Sie sie gar nicht erst zu knüpfen! Deswegen sind Visitkarten, die beidseitig vollbedruckt oder laminiert sind, fast so wertvoll wie solche, die grau und in fünf Punkt Schrift mit schwarzer Farbe bedruckt sind.

4. Gute Laune.

Wenn Sie schlecht drauf sind, bleiben Sie zu Hause! Es gibt keine Möglichkeit, den ersten Eindruck ein zweites Mal zu vollführen.

5. Duft.

Sie werden jetzt denken: „Der spinnt!" Ich gebe Ihnen recht, ich hab mir das auch gedacht. Aber es gibt immer wieder Leute, die scheinbar weder eine Badewanne noch ein Dusche zuhause ihr Eigen nennen. Unangenehm zu riechen, sollten Sie unbedingt vermeiden. Da ich wirklich sehr viel unterwegs bin, habe ich im Auto immer einen Spray, mit dem ich meinen längeren Tag für die anderen Netzwerkbesucher erträglich machen kann. Sie kennen sicher den Spruch: „Den kann ich nicht riechen." Zwar geht es bei diesem Spruch in Wirklichkeit um den körpereigenen Geruch, der auch mit Deo oder Parfum nicht zu überdecken ist. Ich habe das hier allerdings ganz profan für die Netzwerkspraxis definiert, weil es mir schon des Öfteren passiert ist, dass ich mich von einem Gesprächspartner entfernen musste um das Netzwerkbuffet in meinem Magen nicht auf dem Boden des Veranstaltungsraumes auszubreiten.

6. Zahnstocher, Zahnseide.

Des Weiteren sollten Sie nach dem Genuss des Netzwerkbuffets kurz die Toilette aufsuchen und kontrollieren, ob zwischen Ihren Zähnen nicht noch der eine oder andere kleine Schnittlauchrest pickt. Es wird Ihnen niemand sagen, aber Sie werden merken, wie man beginnt, Sie zu meiden, oder wie Ihnen immer genau auf den Buffetrest geblickt wird.

7. Geputzte Schuhe.
Ja, auch geputzte Schuhe sind bei einem Netzwerktreffen ein wesentlicher Bestandteil.

8. Der Gürtel.
... Ihrer Hose sollte in etwa auf Körpermitte sitzen und nicht am Brustansatz.

9. Haare.
Jeder, der mich kennt, wird sagen: „Pfah, der soll mir nichts über Haare erzählen!" Zugegeben, meine Haare sind ungewöhnlich lang und auch durch meine Naturlocken sehr buschig. Es ist aber nicht die Länge der Haare, um die es hier geht – meine Haare sind ein untrügliches Alleinstellungsmerkmal –, nein, es geht um deren Pflege. Sie sollten nicht fett sein und der Schuppenschnee sollte nicht auf Ihren Schultern lasten.

10. Gepflegte Fingernägel.
... sind ein Muss! Die Menschen stehen mit Ihnen beim Buffet, Sie möchten sich ein Brötchen greifen und der Herr oder die Dame neben Ihnen greift mit vor Dreck starrenden Geierkrallen nach dem Nachbarbrötchen. Ich

bin mir sicher, Sie haben keinen Appetit mehr. Würden Sie sich gerne mit diesem Herrn oder dieser Dame vernetzen?

11. Stimme.
Die Stimme ist ein so wesentlicher Punkt in der Realisierung zum guten Netzwerker und zur guten Netzwerkerin, dass ich René Oblak, den Voicecoach und Stimmspezialisten, gebeten habe, diesem Thema ein eigenes Kapitel zu widmen.

12. Vorbereitete 60-Sekunden-Vorstellung.
Bei den wirklich guten Netzwerktreffen haben Sie die Möglichkeit zu sagen, wer Sie sind, was Sie vertreten und was Ihr Nutzen für den Kunden ist. Da es hier viel Respekt und Angst gibt – schließlich soll man in nur sechzig Sekunden allen anwesenden TeilnehmerInnen erklären, was und wer man ist –, habe ich diesen sechzig Sekunden im nächsten Kapitel einen großen Platz einberaumt.

Tipp 13:
Vergiss die Visitenkarten nicht!

Sechzig Sekunden Angst und Panik: die 60-Sekunden-Präsentation

Sie sind jetzt bei einem wirklich guten Netzwerktreffen. Zum ersten Mal. Um Sie herum rund dreißig Personen, ein gutes Buffet, gute Stimmung, und plötzlich sagt der Moderator: „Da wir nicht zu viele Personen sind, schlage ich vor, ein jeder von Ihnen präsentiert sich kurz, damit wir alle wissen, wer mit wem gerne unbedingt sprechen möchte."

An sich eine tolle Idee, oder? Nur dass Ihnen in diesem Moment der kalte Schweiß ausbricht, weil Sie ungewohnterweise vor vielen Menschen sprechen sollen, und das auch noch über sich selbst und über Ihre Tätigkeit.

Nun, ich bin mir sicher, da gäbe es viel zu erzählen, aber Sie sollen es in sechzig Sekunden machen. Ist auch logisch, rechnen Sie nach. Wenn jeder sechzig Sekunden spricht, sind das nach Adam Riese bei dreißig Leuten eintausendachthundert Sekunden, oder dreißig Minuten. Wenn jeder fünf Minuten über sich erzählen würde, wären das zweieinhalb Stunden!

Nun gut, Sie hoffen, dass es lange dauert, bis Sie dran sind und schwitzen sich jetzt bis dorthin die Seele aus dem Leib. Keine Angst, es ist allen so gegangen, die das erste Mal eine Kurzpräsentation von sich geben sollten. Jetzt soll in diesen sechzig Sekunden zumindest so viel rüber kommen, dass die Zuhörerschaft Interesse an dem hat, was Sie zu bieten haben.

Nochmals, keine Angst – es geht! Sie werden sehen, wenn Sie das, was ich Ihnen in diesem Kapitel näher bringen will, umsetzen, dann ist es erstens nicht schwer und zweitens werden Sie mit der Zeit die absolute Routine darin bekommen.

1. Die Vorbereitung. Nehmen Sie ein Blatt Papier und schreiben Sie sich folgende Punkte auf:
   a. Ihr Name
   b. Firmenname
   c. Eine Geschichte, wodurch Ihre Kunden einen Vorteil haben. Sprechen Sie nicht darüber, was Sie tun, was Sie können oder wie toll Sie sind. Das interessiert niemanden! Erzählen Sie eine Geschichte! Eine Geschichte von einem Kunden, der durch Ihre Dienstleistung oder Ihr Produkt sein Problem lösen konnte. Aber kein Märchen von Grimm oder Münchhausen. Diese Geschichte muss stimmen, sonst verlieren Sie Ihre Authentizität. Glauben Sie mir, der Zuhörer weiß, ob Sie die Wahrheit erzählen oder ihm etwas vorflunkern.
   d. Ihr Name
   e. Firmenname und eventuell der Slogan

2. Nehmen Sie diese Präsentation und tragen Sie sie sich selbst vor. Stoppen Sie die Zeit, die Sie für den Vortrag brauchen.

3. Präsentieren Sie vor Menschen, die Sie lieben und denen Sie vertrauen. Lassen Sie deren Kritik zu. Kritik ist nicht immer persönlich und gibt Ihnen ein Feedback, wie andere Menschen Ihre Darstellung wahrnehmen.

Sollten Sie über eine Videokamera verfügen, benützen Sie sie! Sehen Sie sich das Aufgenommene selbstkritisch an. Aber verurteilen Sie sich nicht, wenn es nicht sofort klappt. Es ist noch kein Meister vom Himmel gefallen (auch so ein schöner, alter, aber sehr wahrer Spruch).

4. Gehen Sie zu vielen Netzwerktreffen und präsentieren Sie so oft wie nur irgend möglich. Learning by doing!

5. Sprechen Sie langsam, laut und deutlich!

6. Reden Sie so, wie Sie es gewohnt sind, bleiben Sie Sie, bleiben Sie authentisch! Wer krampfhaft versucht, Hochdeutsch zu sprechen, dies aber sonst nie tut, wirkt lächerlich. Jemand, der in Mundart spricht, so wie er es gewohnt ist, wirkt sympathisch und ehrlich. Vertrauen kann man nur zu Menschen aufbauen, die ehrlich rüber kommen. Wenn Sie versuchen, Ihren

Dialekt zu übertünchen, was haben Sie zu verbergen? Das ist die Frage, die sich jeder Zuhörer unterbewusst stellt.

Vielleicht haben Sie sich jetzt schon die ganze Zeit gefragt, warum ich unter 1. d. und 1. e. den Namen und den Firmennamen wiederholt habe?

Hier die Lösung: Sie sollten das am Ende Ihrer Präsentation nochmals sagen, damit sich die Leute Ihren Namen und Ihre Firma besser merken. Wenn die dann zu Hause oder im Büro alle Visitenkarten ansehen und hoffentlich verarbeiten, dann sind Sie sicher unter denen, die man sich gemerkt hat. Es muss ja nicht immer gleich zu einem Auftrag kommen, aber wenn dann jemand fragt: „Sag mal, kennst du nicht wen, der das oder das macht ...", dann ist die Wahrscheinlichkeit, dass man an Sie denkt, wesentlich höher!

Einige Zeilen tiefer erwartet Sie eine meiner aktuellen Präsentationen. Nur ein Beispiel, da ich die Präsentationen oft variiere und meist sehr spontan reagiere, je nachdem wer da ist, wie ich gerade aufgelegt bin, und was meine Vorredner gesagt haben. Allerdings gehe ich seit vielen, vielen Jahren auf Netzwerkveranstaltungen und halte deswegen auch viele 60-Sekunden-Präsentationen. Ich hatte viele Möglichkeiten zu üben. ☺

Hier meine 60-Sekunden-Vorstellung:

– Schönen guten Tag!
– Mein Name ist Martin Schober.
– Firma: Future Factory.
– Wir stellen Businesssoftware her.
– Unsere Kunden müssen nicht mehr fürchten, ihr Geschäft könnte sich finanziell nicht ausgehen! – Denn mit unserer Software haben sie nicht nur ihr Lager, ihre Rechnungen und Mahnungen im Griff, sondern wissen auch täglich, ob sie sich in der Gewinn- oder Verlustzone bewegen.
– Letzte Woche durfte ich einem Kunden folgenden Nutzen vermitteln. (Dann erzähle ich eine ganz kurze Geschichte, die sich in den letzten Tagen abgespielt hat.)
– Martin Schober
– Future Factory – Die Software für Ihren Erfolg!

Es gibt keine Netzwerkveranstaltung mit Vorstellungsrunde, bei der ich nicht mindestens zwei, drei wirklich interessante Kontakte erziele.

Tipp 14:
Bereite deine 60-Sekunden-Präsentation vor und übe sie – am besten durch learning by doing bei vielen Netzwerktreffen!

Business Praxis

Erfolgstipps

www.businesspraxis.at
Die Website zum Erfolg!

✓ Jede Woche
eine gute Idee
für Ihren Erfolg

✓ Tipps von den
weltbesten
Coaches

✓ Sofort umsetzbar

➤ Holen Sie sich
Ihren kostenlosen
Erfolgstipp!

www.businesspraxis.at

Die Nachbearbeitung der Kontakte

Jetzt haben Sie viele Gespräche geführt und haben Visitenkarten gesammelt wie ein anderer Briefmarken oder Zigarettenschachteln. Und jetzt? Spätestens nach drei Tagen haben Sie wahrscheinlich keine Vorstellung mehr, wer der Mensch war, der Ihnen seine schöne Karte gegeben hat! Das kann ich gut verstehen, so ist es mir anfangs auch gegangen. Ich besitze heute mit Sicherheit Visitenkarten im Tausenderbereich, bei denen ich zum größten Teil nicht mehr zuordnen kann, welcher Mensch zur Karte gehört. – Keine Ahnung!

Ich habe daraus gelernt. Zu meinen neuen Kontakten füge ich Fotos und ein kurzes Memo hinzu, wann und wo ich den Menschen kennengelernt und was ich mit ihm besprochen habe. Okay, ich gebe zu, das bedeutet ein wenig Arbeit. Aber eine, die sich auszahlt. Wenn ich über noch mehr Informationen verfüge, schreibe ich auch das dazu, wie zum Beispiel:

1. Wofür interessiert sich dieser Mensch?
2. Wann ist sein Geburtstag?
3. Gibt es etwas, das ich für ihn tun kann?
   a. Habe ich Kontakte für ihn?
   b. Braucht er etwas, das ich persönlich für ihn tun kann?

c. Kann ich ihm helfen, sein Netzwerk zu erweitern?

d. Gibt es Netzwerktreffen, die er noch nicht kennt?

4. Ist er im sogenannten Social Media Bereich zu finden?

5. Wann sollte ich ihn nochmals kontaktieren, um ein weiteres persönliches Treffen zu arrangieren? Bei diesen weiteren Treffen geht es nicht ums Geschäft, es geht darum, diesen Menschen näher kennen zu lernen. Wie denkt er? Was braucht er?

Es gibt noch viele Infos, die zum Beispiel sehr branchenbezogen sind, die Sie sich notieren können oder sollen. Meine Anregungen erheben keinen Anspruch auf Vollständigkeit!

Um meine Arbeit und die Arbeit aller NetzwerkerInnen zu erleichtern, habe ich gemeinsam mit meinem Arbeitgeber, Andreas Bergmann, und René Oblak eine Software entwickelt. Diese Software der Future Factory Business Software GmbH erleichtert die vorhin genannten Aufgaben ungemein. Von der Kontakterfassung mit Foto bis zur Terminverwaltung ist alles vorhanden, was ein guter Netzwerker, eine gute Netzwerkerin braucht. Die Funktionen des Programms werden von Andreas Bergmann im Kapitel „Future Network" anhand von Screenshots genau erläutert und erklärt.

Ich bin eher der unstrukturierte Mensch, jener, der konzeptlos durch die Zeit geht. Mein Wahlspruch: „Wer kein Konzept hat, den kann man auch nicht aus dem Konzept bringen!" Darum habe ich angeregt, diese Software zu entwickeln. Denn sie nimmt mir bei meinem täglichen Job viel Arbeit und Denken ab und erleichtert mir mein Leben einfach.

Tipp 15:
Bearbeite deine Kontakte nach!

Die richtige Pflege des Netzwerks

Um sein Netzwerk richtig zu pflegen, bedarf es nur etwas Menschenliebe. Durch die Social Media – diesem Thema habe ich ein eigenes Kapitel zugedacht – werden uns viele Arbeiten erleichtert. Gratuliere deinen „Freunden" zum Geburtstag, frag nach, wie es ihnen so geht. Das sind pro Tag fünf bis höchstens zehn Minuten Aufwand; aber freuen Sie sich nicht auch, wenn Ihnen jemand zum Geburtstag gratuliert oder Ihnen das Gefühl vermittelt, es interessiert ihn, wie es Ihnen so geht?

Bedenken Sie immer eines: Wir alle sind Menschen mit Ängsten, Sorgen, Schwächen, Gefühlen, Freuden, Spaß und vielem mehr! Auch wenn es Ihnen vielleicht Schwierigkeiten macht, zu akzeptieren, wieder ein Jahr älter geworden zu sein, geben Sie es zu, es freut Sie, wenn jemand an Ihren Geburtstag denkt. Sollte es Ihnen Schwierigkeiten bereiten, älter zu werden, machen Sie es wie ich: Werden Sie berufsjugendlich! ☺

Die richtige Pflege bedarf bei täglicher „Anwendung" nur wenig Zeit. Schreiben Sie Ihren Bekannten und Freunden ein kleines E-Mail, fragen Sie, wie es ihnen geht, und teilen Sie ihnen mit, dass sie sich freuen würden, wieder einmal von ihnen zu hören – aber nicht als Massenmail mit allen E-Mailadressen in der An:-Zeile!

Aber auch hier gilt: Seien Sie ehrlich! Fragen Sie nur nach, wie es jemandem geht, wenn Sie es auch wirklich wissen wollen!

Ich übernehme meine Kontakte, nachdem ich die Visitenkarte per Photo (so einfach geht das!) eingelesen habe, in meine Netzwerkersoftware. Dort habe ich die Möglichkeit, alle für mich notwendigen Informationen festzuhalten. Ich verbinde mich mit den Personen über XING und Facebook, soweit das möglich ist. Danach setze ich ein Datum, wann ich die Person wieder kontaktieren möchte, und das Programm erinnert mich daran. Alle Kontaktinformationen erfasse ich ebenfalls in der Software, ob E-Mail, Telefonate, persönlicher Kontakt oder was auch immer. Dazu mache ich mir ein paar Notizen, die mich, bevor es zum nächsten Treffen oder Telefonat kommt, daran erinnern, wer die Person ist, was wir gesprochen haben, welche gemeinsamen Interessen wir teilen …

Wenn Sie Menschen das dritte, vierte Mal treffen, sind diese Unterlagen nur mehr peripher von Bedeutung, denn spätestens dann beginnt sich eine Art von Freundschaft zu entwickeln, wo Sie diese Detailerinnerungen nicht mehr brauchen werden. Aber was besprochen wurde, wenn es um etwas Konkretes geht, oder welche Vereinbarungen getroffen wurden, erfasse ich weiterhin, weil es für gemeinsame Geschäfte oder Projekte wichtig ist, sich die Daten zu merken und nicht nur pünktlich, sondern auch genau zu sein. Aufgebautes Vertrauen kann auch leicht zu bröckeln beginnen, wenn bei Ihnen geschäftlich der Schludrian heraushängt!

Nehmen Sie sich ein bis zweimal pro Woche – oder auch nur alle vierzehn Tage, aber konsequent –, die Zeit und kommunizieren Sie mit den Menschen, mit denen Sie Kontakt halten wollen. Es zahlt sich aus! Sie werden sehen, dass plötzlich ganz unerwartet der eine oder andere sagt oder schreibt: „Gut, dass du dich meldest, ich hätte da jemanden, der sucht…"

Ich habe viele von mir als Netzwerkpflege bezeichnete Termine. Das sind jene Gelegenheiten, wo ich Bekannte einfach auf ein Gespräch treffe, bei einem Kaffee oder auch mal bei einem Bier. Da geht es um nichts Konkretes außer: „Wie geht es dir?"

Jetzt kann man sagen, der Schober, pah, der muss Zeit ohne Ende haben. Diese Zeit nehme ich mir! Weil aus solchen Gesprächen die besten Geschäfte oder Geschäftsvermittlungen entstehen. Jeder geht in so ein Gespräch mit dem Wissen, mein Gegenüber erwartet nichts von mir. Also gehen Sie locker und unverkrampft in dieses Gespräch. Es wird gelacht, diskutiert, auch durchaus einmal etwas Privates besprochen. Dann passiert es oft – natürlich nicht immer –, dass einer der TeilnehmerInnen (meist handelt es sich natürlich um ein Zwiegespräch) plötzlich eine konkrete Frage zu einem konkreten Fall hat. Aus dieser Frage entsteht im Normalfall eine Empfehlung an mein Netzwerk und dadurch ein Geschäft für einen Netzwerkkollegen, oder eine Netzwerkkollegin, oder aber ein Geschäft für mich, direkt bei meinem Gesprächspartner oder einem Menschen aus seinem Netzwerk. Und das, weil wir uns auf ein Gespräch, bei einem Kaffee oder Bier, getroffen haben. Sie erinnern sich: Alle Menschen haben Bedürfnisse! Nicht selten kommt es auch vor, dass mein Gesprächspartner mit einer Empfehlung für sein Netzwerk, einem Auftrag für sich, direkt oder indirekt, nach Hause geht. Denn auch ich und die Firma Future Factory, die ich vertrete, haben Bedürfnisse und brauchen in vielerlei Richtungen Unterstützung und professionelle Begleitung. Unsere Kernkompetenz ist das Schaffen einer unschlagbar flexiblen Businesssoftware, nicht die Steuerberatung oder das Erstellen von Werbemitteln …

Tipp 16:
Pflege dein Netzwerk!

Netzwerken, aber richtig!

Die Website

www.richtig-netzwerken.com
Die Website für alle NetzwerkerInnen

✓ Hier finden Sie die Verantaltungen
mit hohem Netzwerkfaktor!

✓ Kündigen Sie kostenlos
Ihre eigenen Veranstaltungen an!

✓ Steigern Sie Ihren Erfolg
durch die richtigen Kontakte!

➤ Finden Sie jetzt gleich
auf der Website
die aktuellsten Veranstaltungen!

www.richtig-netzwerken.com

Social Media – ein Sonderthema

Internetplattformen wie Facebook, XING, Google+, LinkedIn oder wie sie alle heißen mögen, haben bei dem einen oder anderen unter Ihnen keinen besonders guten Ruf. Wenn dort jemand hineinschreibt, dass sein Pups heute grün und stinkig war oder sein Erbrochenes nach der Sauftour der letzten Tage besonders sauer aufgestoßen hat, gebe ich Ihnen recht! Das interessiert wirklich keinen und das will auch niemand lesen, oder?

Diese Plattformen bieten Ihnen bei der Netzwerkarbeit aber zuweilen echte Erleichterungen und gute Dienste an.

Ich recherchiere meine neuen Kontakte immer in diesen Plattformen. Warum? – Ganz einfach, es kommt zumeist nicht gut, wenn ich jemanden kennenlerne und sage: „Entschuldigung, darf ich ein Foto von dir machen, damit ich morgen noch weiß, wer du heute bist!"

Würde Ihnen so eine Ansage gefallen? – Ich glaube nicht. Okay, ich könnte sagen: „Du bist so hübsch, ich würde dich gerne fotografieren." Das könnte gut ankommen, wenn ich es bei Frauen mache – ich sage: könnte, weil es auch falsch verstanden werden kann! Ich glaube, es käme aber weniger gut an, wenn ich das zu einem Mann sagte, und könnte sogar zu Verwirrungen und Unannehmlichkeiten führen, nämlich dann, wenn dem Mann das gefallen würde und er sich dann möglicherweise etwas von mir erwartet, was ich nicht bieten will, oder wenn es ihm nicht gefällt und er etwas von mir denkt, was nicht ist!

Deswegen bevorzuge ich Social Media Plattformen, um an ein Foto zu gelangen, das mir als optische Gedächtnisstütze dient! Abgesehen davon kann man über diese Netzwerke bequem Mitteilungen an sein Netzwerk verbreiten, die vielleicht für mehrere Menschen gedacht sind und so auch in Erinnerung bleiben.

Ich rate aber davon ab, die Menschen mit irgendwelchem Quatsch, der niemanden interessiert, außer vielleicht Sie persönlich, ständig zuzulabern. Denn das kann genau zum Gegenteil dessen führen, was Sie damit beabsichtigen. Verwenden Sie diese Plattformen für Ihr Erinnerungsvermögen und zur Kontaktpflege und nicht, um andere Menschen zu verärgern!

Die beiden Plattformen, die ich persönlich am häufigsten nutze, sind XING und Facebook.

XING ist das deutschsprachige Pendent zu LinkedIn. Beide sind Businessplattformen, LinkedIn wird sehr häufig in Amerika verwendet, XING ist, wie gesagt, die deutschsprachige Plattform, das Spiegelbild, von LinkedIn.

Wenn Sie viele englischsprachige Kontakte haben, ist es sicher kein Fehler, auch auf LinkedIn zu sein. Wie schon erwähnt ist XING eine Businessplattform, das heißt, dass Sie dort viele Menschen finden können, die wahrscheinlich niemals auf Facebook zu finden sein werden. Wobei auch da schon ein kleiner Umdenkprozess im Gange ist ...

Ich nutze XING, um auch über diese Plattform neue Kontakte zu finden, die ich irgendwann persönlich kennen lernen möchte. Über XING gebe ich wenige, aber gezielte Informationen über unsere Softwaremöglichkeiten in die diversen Foren und in mein Netzwerk. Ich vermeide es aber, bei der ersten Beantwortung der Anfrage um „Verxingung" etwas über mein Business zu sagen. Jeder bekommt von mir als kleines „Willkommensgeschenk" einen Link zu einem YouTube Video, das mich mit meiner Band (drei akustische Gitarren, dreistimmiger Gesang) bei einem Live Gig zeigt.

Warum tue ich das? – Ich möchte, dass diejenige Person, die mit mir in Verbindung ist, weiß, wer und was ich bin, was mich persönlich interessiert und bewegt. Business interessiert mich erst, wenn Vertrauen aufgebaut ist.

Bei mir wird kein Kunde jemals zu einem Kauf überredet, denn die Handynummer, die auf meiner Visitkarte steht, ist auch meine Privatnummer!

Meine Freunde und Bekannten, die mich schätzen, wissen, dass ich am Sonntag keine Lust habe, über irgendwelche Probleme oder Geschäfte zu sprechen. Wer viel arbeitet, braucht auch viel Freizeit! Trotzdem können sie mich erreichen, weil meine KundInnen und NetzwerkkollegInnen meist schon gute Bekannte oder Freunde von mir sind, bevor wir einen geschäftlichen Kontakt eingehen. Somit steht ihnen nichts im Weg, mich sonntags mal zum Grillen einzuladen. ☺

In XING habe ich in meinem Profil sehr genau ausgeführt, was ich beruflich für die Interessenten tun kann. Gleich nach der ersten „Verxingung" erhalte ich häufig von neuen XING-Kontakten die überschwänglichsten Synergie-Angebote und die tollsten Selbstdarstellungs-Litaneien.

Was glauben Sie, was ich damit tue? – Erraten, sie kommen in den virtuellen Schredder! Wenn ich aber eine persönliche Antwort auf mein „Willkommensgeschenk" erhalte, antworte ich auch und sehe mir das XING-Profil dieser Person genauer an. Und siehe da! Daraus ergeben sich dann von selbst Anfragen von meiner Seite, ob nicht in dem einen oder anderen Punkt wirklich Synergien stattfinden könnten.

Damit möchte ich sagen, dass diejenigen, die mich nicht mit irgendeinem Quatsch unaufgefordert niederbügeln, wesentlich mehr Chancen haben, mit mir, oder einem meiner Kontakte Geschäfte zu machen, als die Quatschbügler und Blunzenbären, die ständig auf Verkaufsschau sind. Und das gehört wieder zum Thema Vertrauen!

Womit wir zum Thema Facebook kommen. In Facebook werden Sie von mir keinen Kommentar dazu finden, bei welcher Firma ich arbeite. Dort finden Sie weder meine Telefonnummer noch sonst irgendwelche Kontaktdaten, außer vielleicht Hinweise auf meine Band „TYM&Co". Die Fotos, die Sie in Facebook und XING als Profilfoto sehen, sind aber beide mit Gitarre und Gesang, also „ich".

Warum gebe ich in Facebook diese Daten nicht bekannt? Facebook hat nicht nur einen schlechten Ruf, was Datenschutz anbelangt, auch die Systematik der Nachrichtenverbreitung ist eine wesentlich öffentlichere, und ich habe keine Lust, dass mir ein Grünpupser die akustische Version seiner Veröffentlichung sonntags am Morgen ins Ohr bläst.

Facebook hat aber gegenüber XING einen großen Vorteil. Ich kann erkennen, wer online ist, und dann sofort mittels Chat eine Nachricht, eine Anfrage oder Terminvorschläge übermitteln.
Zudem findet man in Facebook größere Fotos der Kontakte – und die sehen ja auch nicht jeden Tag gleich aus!

Somit fällt es mir persönlich leichter, all die Menschen wiederzuerkennen und zu identifizieren.

Einen weiteren Kanal, der weniger mit Profilen zu tun hat, möchte ich unbedingt noch erwähnen, weil er mir schon viel geholfen hat: Skype. Skype ist eine Plattform, über die ich zum Beispiel mit Kontakten aus dem Ausland kostenlos telefonieren oder Videokonferenzen halten kann. Und das zeitlich unbegrenzt!

Wenn ich Sie mit einem Seminar oder Einzelcoaching über „Netzwerken, aber richtig!" beglücken darf, oder Sie einfach mein Netzwerkkontakt werden möchten, oder Sie eine flexible, sensationelle und leistbare Software für Ihren Betrieb suchen, oder Sie an einem musikalischen Beitrag von TYM&Co (www.tym-co.at) interessiert sind, kontaktieren Sie mich!

Alles Liebe

Martin Schober
schober@futurefactory-software.com
+43 660 760 37 37

Tipp 17: Nutze die Social Media Plattformen, um Kontakt zu halten und Mitteilungen ans Netzwerk zu senden!

Future Network –
die praktische Netzwerksoftware

von Andreas Bergmann[1]

Ziel der „Future Factory – Netzwerksoftware" ist es, Sie beim Aufbau Ihres Netzwerkes zu unterstützen.

Die Software soll dazu über die reine Verwaltung Ihrer Adressen hinausgehen und Sie beim „Tun" unterstützen. Es ist also eine „Tun-Software" und keine Datenbank. Denn entscheidend für Ihren Erfolg im Netzwerk sind Ihre Handlungen!

www.futurefactory.at

---

1   DI Andreas Bergmann ist Gründer und Geschäftsführer der Future Factory GmbH, 8020 Graz, Eggenberger Allee 30.

Der Einstiegs-Bildschirm

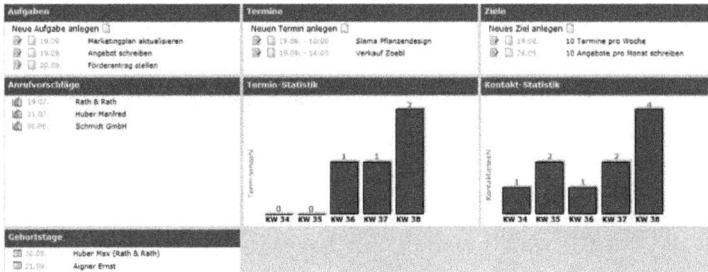

Für Ihren Überblick: So sieht der Hauptbildschirm für Ihre tägliche Arbeit aus. Diese Übersicht ist sofort nach dem Start der Software sichtbar.

Dieser Hauptbildschirm soll folgende zwei Bereiche zur Verfügung stellen:

1. Gesamtübersicht über Dinge, die „zu tun" sind:
Aufgaben | Termine | Ziele | Anrufe | Geburtstage

2. Statistiken über den eigenen „Fleiß":
Anzahl der Termine pro Woche und Anzahl der Kontakte pro Woche

Diese Übersicht soll zum Handeln anregen. Es gibt Vorschläge, was zu tun ist, um ein erfolgreiches Netzwerk aufzubauen, und eine schnelle Übersicht darüber, ob Sie in der aktuellen Woche fleißiger sind als in den vorherigen Wochen.

Die „zu tun"-Bereiche

Termine

Termine

Neuen Termin anlegen

🖹 🔍	30.09. - 09:00	Netzwerktreffen
🖹 🔍	30.09. - 11:00	Besprechung Kooperation Hu
🖹 🔍	30.09. - 15:00	Verkauf Rath & Rath

Alle eingetragenen Termine des heutigen Tages (eine Outlook-ähnliche Kalenderübersicht gibt es in einem speziellen Kalender-Dialog). Bei Bedarf können Sie Ihre Termine automatisch mit Outlook oder Google-Calendar synchronisieren.

Ihre persönlichen Ziele:

Ziele

Neues Ziel anlegen

🖹 🔍	19.08.	10 Termine pro Woche
🖹 🔍	26.09.	10 Angebote pro Monat schreiben

Eine Übersicht über die persönlichen Ziele, die Sie sich gesetzt aber noch nicht erreicht haben. Ziele sollen Sie dazu motivieren, über die alltäglichen Aufgaben hinauszudenken und Ihrer Arbeit eine sinnvolle Richtung zu geben.

Nur durch das Setzen ehrgeiziger Ziele und die Kontrolle, ob Sie Ihre Ziele erreichen, werden Sie langfristig erfolgreich sein.

Erfassen Sie Ziele zu den unterschiedlichen Aufgabenbereichen und setzen Sie zu jedem Ziel ein Datum für die Kontrolle Ihres Erfolges.

Ihre Aufgaben:

Aufgaben		
Neue Aufgabe anlegen		
📄 📄 19.09.	Marketingplan aktualisieren	
📄 📄 19.09.	Angebot schreiben	
📄 📄 20.09.	Förderantrag stellen	

Aufgaben, die Sie zu erledigen haben. Ihre Aufgaben können Sie Ihren Zielen und Kategorien zuordnen.

Anrufvorschläge:

Anrufvorschläge	
📞 19.07.	Rath & Rath
📞 21.07.	Huber Manfred
📞 06.06.	Schmidt GmbH

Kern jedes erfolgreichen Netzwerkes ist nicht eine gut gefüllte Datenbank mit möglichst vielen Adressen.

Entscheidend ist es, mit diesen Personen immer wieder

in Kontakt zu bleiben und so die Vernetzung zu vertiefen. Nur so werden Ihre Netzwerkkontakte an Sie denken, wenn Ihre möglichen Dienstleistungen zum Thema werden.

Daher können Sie bei jeder Person hinterlegen, wie oft Sie diese kontaktieren wollen. Sobald die gesetzte Zeitspanne seit Ihrem letzten Kontakt erreicht wurde, sehen Sie die Person in der Liste der Anrufvorschläge.

Sie sehen dabei sofort das Datum des letzten Kontaktes, um die Dringlichkeit bewerten zu können.

Geburtstage in Ihrem Netzwerk:

Geburtstage		
📅 20.09.	Huber Max (Rath & Rath)
📅 21.09.	Aigner Ernst

Alle Geburtstage in Ihrem Netzwerk der nächsten Tage. Die perfekte Gelegenheit, um eine kurze E-Mail zu senden!

Statistiken zu Ihrem Fleiß:

Die eigentliche Netzwerkarbeit ist das regelmäßige Kontaktieren der Personen Ihres Netzwerkes. Die Liste der Anrufvorschläge gibt Ihnen Ideen, wen Sie kontaktieren können. Die Kontakt-Statistik zeigt, ob Sie dies auch tatsächlich tun. Nur die regelmäßigen Kontakte, sei es per E-Mail, Telefon oder Social Network, bringen Sie in Erinnerung und schaffen mit der Zeit Vertrauen.

Kontakt-Statistik

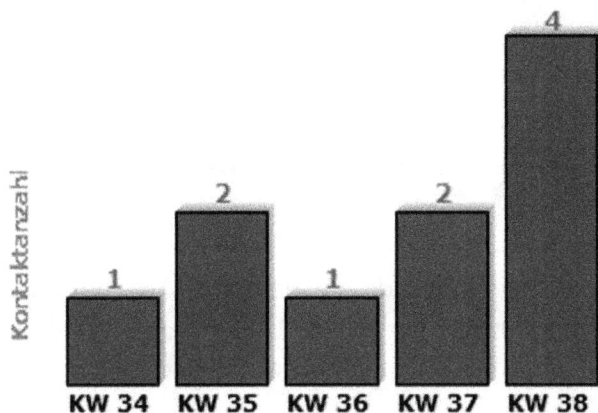

Terminstatistik:

Termine mit Kunden oder Netzwerkpartnern sind der erste Maßstab für den Erfolg Ihrer Netzwerkmaßnahmen.

Alle Kontakte und alle Adressen in der Datenbank nützen Ihnen wenig, wenn es schlussendlich nicht zu Terminen mit persönlichem Kontakt kommt. Erst hier können Sie Ihre Leistungen wirklich präsentieren und überzeugen.

Termin-Statistik

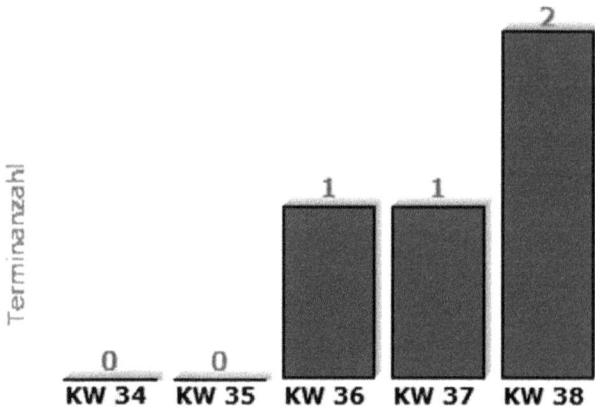

Terminanzahl

0	0	1	1	2
KW 34	KW 35	KW 36	KW 37	KW 38

In weiterer Folge sollen daraus natürlich Angebote und Aufträge mit Umsatz entstehen. Das ist dann allerdings bereits Verkauf und nur noch teilweise Netzwerken.

Die Übersicht soll Sie jede Woche dazu motivieren, „noch besser" und noch fleißiger zu sein als in der vorherigen Woche.

Die Woche als Vergleichsbasis ist ideal, um für einen übersichtlichen Zeitraum motiviert zu sein und schnell reagieren zu können.

Die Kontakt-Datenbank

Grundlage für alle Tätigkeiten mit der Software ist natürlich die Kontakt-Datenbank. Hier erfassen Sie alle Personen Ihres Netzwerkes. Einige wichtige Felder und Funktionen sollen Ihnen hier die Arbeit erleichtern.

Die Vistenkarten-Erkennung:

Das Erfassen von Daten von Visitenkarten ist mühsam. Dabei soll Sie die Automatische Visitenkartenerkennung unterstützen.

Machen Sie einfach mit einem Handy ein Foto der Visitenkarte und die Software liest mittels OCR die Texte aus und ordnet sie nach verschiedenen Regeln den einzelnen Feldern zu.

Hilfreich dazu ist die integrierte Postleitzahlen-Daten-
bank und die Vornamen-Datenbank mit über 10.000
üblichen Vornamen. Dadurch kann sogar das Geschlecht
der Person automatisch zugeordnet werden.

Die Stammdaten:

Die Daten aus der Visitenkartenerkennung können Sie
natürlich jederzeit verändern und ergänzen. Dazu steht
Ihnen eine Vielzahl an unterschiedlichen Eigenschaften
zur Verfügung.

Hinterlegen Sie ein Bild der Person,
um sich besser erinnern zu können.
Sie können das Bild z. B. direkt aus
einer Social-Network Profilseite he-
rauskopieren und hier einfügen.

Interesse
Klettern
Marketing
Netzwerken

Für welche Themen interessiert sich die Person? Das ist ein wichtiger Hinweis für zukünftige Kontakte. Wenn Sie zum Beispiel einen interessanten Artikel über das Klettern finden, können Sie diesen an Personen senden, denen Sie dieses Interesse zugeordnet haben.

Bekannte			
Name/Firma	Vorname	Straße	PLZ
Aigner	Ernst	Springergasse 6	1010
Huber	Manfred		

Gibt es Verknüpfungen in Ihrem Netzwerk? Wer kennt wen? Ordnen Sie die Beziehungen untereinander zu und finden Sie so wichtige Hinweise für Ihre Netzwerkarbeit.

Werbeeffizienz:

Woher kennen Sie den Kontakt? Aus welchem Netzwerk? Wer hat Ihnen den Kontakt vermittelt?

Quelle Kategorie	NetzwerkMeeting ▼
Quelle Detail	BNI ▼
Vermittler	Aigner, Ernst

Gerade die Vermittlung ist wichtig. Bei Erfolg wollen Sie sich ja auch beim Vermittler bedanken!

Kontaktplanung

Für die Liste der Anrufvorschläge hinterlegen Sie die Kontaktfrequenz in Tagen. Wie oft wollen Sie diese Person kontaktieren? Aus der Kontakterfassung und Ihrer Planung kann Ihnen die Software dann die richtigen Kontakte vorschlagen.

Kontakte erfassen in der Kontakthistorie

Um jederzeit nachvollziehen zu können, welche Kontakte Sie mit der Person bereits hatten, und was Sie besprochen haben, sollten Sie jeden Kontakt in der Software erfassen. Sie können zu diesen Kontakten Thema, Zusagen und weitere Details festlegen. Aus jedem Kontakt können Sie sich auch sofort Aufgaben anlegen, um Konsequenzen aus dem Kontakt nicht zu vergessen.

> **Mein Tipp: www.futurefactory.at**

Foto-Gräfin
Irmgard Daempfer
+43 664 3567894

Werbe & Produktfotografie, Events,
Businessporträts, INHOUSE mit mobilem
Equipment & Visagistin
Vernissagen, Kunst zu mieten

www.immagine.at

Die Stimme im Netzwerk

von René Oblak

Stimmtrainer, Coach und Produzent
Gründer und Inhaber der Voice-Academy

www.voice-academy.at

Warum Sie von mir lesen ...

Als die Idee zu diesem Buch entstand, fragte mich Martin, ob ich nicht Lust hätte, in seinem Buch einen Teil über Stimme in Verbindung mit dem Netzwerken zu schreiben. Klar war ich begeistert von dieser Idee und natürlich auch stolz: „Hey, ich schreibe bei einem Buch mit!" Doch tausend Stimmen in mir sagten ganz laut: „Das kannst du ja nicht – du hast noch nie ein Buch geschrieben!"

Wenn ich eines in den letzten Jahren gelernt habe: Man bekommt keine Herausforderung geschenkt, der man nicht gewachsen ist. Also dachte ich mir: „Was soll´s?" (Das kann übrigens sehr hilfreich sein, wenn die innere Stimme des Zweifels zu laut ruft, z.B. vor einem Auftritt, einer Konferenz, oder eben wenn man bei einem Buch mitschreiben darf...).

So war für mich klar, was zu tun ist: Ich erzähle, was mir zum Thema einfällt und Ihnen nützlich sein kann im täglichen Netzwerker-Dasein und verzichte darauf, Ihnen mit hoch technischen und langweilenden Weisheiten auf den Geist zu gehen.

Da haben wir auch schon das erste Thema, das Ihnen im Netzwerkeralltag gute Dienste leisten kann, wenn Sie etwas vortragen, präsentieren oder auch nur Smalltalk machen sollen: Erliegen Sie nicht der selbst auferlegten Pflicht, besser sein zu müssen, als Sie glauben zu sein, und / oder andere übertrumpfen zu müssen.

Auch die sehr wertvolle Eigenschaft, zu seiner Arbeit auch nach außen hin sichtbar zu stehen, hat sich als sinnvolle Marketingstrategie erwiesen. Doch diese Behauptungen und deren mögliche Auswirkungen werden wir später noch näher beleuchten.

Da Martin und ich sehr oft gemeinsam Netzwerkveranstaltungen besuchen, kennt Martin die Wirkung meiner Rücken- und Brustwerbung: „VOICE-ACADEMY - stimmt einfach!", welche mein schickes Poloshirt großflächig ziert. Da mir von der Natur ein üppiger Brustkorb zur Verfügung gestellt wurde, war es naheliegend, diese kostenlose Werbefläche, die ich sowieso immer dabei habe, nützlich zu verwenden.

Es dauert in der Regel nicht sehr lange, und ich werde darauf angesprochen, was denn die VOICE-ACADEMY sei oder man steigt mit mir gleich direkt ins Gespräch ein, wie zum Beispiel: „Ich habe immer das Problem, dass ich am Morgen keine Stimme habe", oder „Ich bin froh, wenn ich nicht vor mehreren Menschen sprechen muss", und leider eine sehr oft gehörte Einstiegspassage: „Ich mag meine eigene Stimme nicht hören". Weitere Klassiker sind „Meine Stimme ist zu hoch / zu piepsig", „Ich spreche zu leise", „Ich kann nicht singen", „Wenn ich einen Vortrag halten muss, ist das schlimm für mich"...

Jedoch sehr selten höre ich Aussagen wie: „Meine Stimme ist toll, sie ist so, wie ich sie mir vorstelle und es gibt nichts, was ich besser machen könnte."

Also stellt sich die Frage, warum wir Menschen uns nicht um unsere Stimme kümmern, mit der wir ja täglich sprechen, unsere Emotionen und Gedanken in Worte kleiden und über die wir uns unseren Mitmenschen mitteilen.

Diese Fragen (und natürlich noch einige mehr) beschäftigten mich unbewusst seit meiner Jugend, mit steigender Tendenz bis zum Jahr 2003, als ich begann, Menschen in stimmlicher Hinsicht zu schulen.

Als ich 2006 die VOICE-ACADEMY gründete und mit meinem eigenen Trainingssystem antrat, Menschen dabei zu unterstützen, ihr volles Stimmpotential zu entfalten, ahnte ich noch nicht, wie sehr die Stimme über unseren Lebensverlauf mitentscheidet.

Die Stimme ist meine Berufung und heute führe ich Menschen zu ihrer eigenen Stimme und zeige ihnen Wege, wie sie durch die Kraft der Stimme und mentale

Strategien ihre Ziele erreichen und ihr Leben frei von blockierenden Mechanismen selbst gestalten können.

In diesem Werk lesen Sie von mir, weil eine tolle Stimme das Netzwerken mit all seinen Facetten leichter macht und den Spaßfaktor unglaublich hebt – also lassen Sie uns loslegen …

Stimmtipp Nummer 1:

Wenn Sie an Ihren stimmlichen Fähigkeiten zweifeln, setzen Sie sich mit Ihrer Stimme auseinander und beginnen Sie, Ihre Stimme anzunehmen.

Ihre Stimme gehört Ihnen, also stehen Sie dazu. „Love it", und wenn´s für Sie nicht passt „Change it" – „Leave it" geht in diesem Fall nicht!

Die Stimme ist die Audiovisitenkarte des Netzwerkers

Jeder Mensch will eine tolle Stimme haben. Also eine kräftige, ausdrucksstarke, bezaubernde, faszinierende Stimme, mit mehr Höhen oder Tiefen, oder man möchte überhaupt toller reden können.

Die Stimme ist der Spiegel der Seele, und der Blick in diesen Spiegel ist für viele Menschen sehr schwer.

Wobei ich anmerken möchte, dass sich die Menschen, die sich dafür entscheiden, bei uns einen Stimmcheck zu machen, eine E-Mail-Anfrage senden oder sogar anrufen, sich bereits auf dem Weg zu ihrer eigenen Stimme befinden.

Doch selbst bei Menschen, die sich bereits für einen Stimmcheck entschieden haben, kommt es vor, dass sie zu Beginn der Aufnahmen noch mit Aussagen wie: „Ääääh, müssen wir das jetzt aufnehmen,... darauf war ich jetzt nicht vorbereitet,... ich kann meine Stimme ganz schwer hören,... im Moment bin ich nicht so gut bei Stimme, weil ich verkühlt bin…" die Angst vor der bevorstehenden Aufnahme und dem daraus resultierenden Ergebnis bekunden.

In solchen Fällen reicht es jedoch meistens, sich der sicheren Umgebung und der Hilfe des professionellen Stimmcoaches bewusst zu werden, und schon kann es losgehen.

Was ist aber mit den Menschen, die den Standpunkt vertreten: „Ich kann ja sprechen, und atmen tue ich auch, also brauche ich da kein Training"?

Das mag schon sein, aber Sie sehen ja auch aus und verwenden trotzdem einen Spiegel, um Ihr Aussehen zu kontrollieren und bei Bedarf zu optimieren...

Die Stimme ist die Audiovisitenkarte des Netzwerkers und nebenbei auch noch in den meisten Fällen das Hauptinstrument der Kommunikation.

Daher sollte jeder qualitätsbewusste Netzwerker seine derzeitige Stimmqualität prüfen, die Stimme bei Bedarf optimieren und sich bewusst sein, dass es bei der menschlichen Stimme nicht anders ist als bei Muskeln, Knochen und Verdauung, die bei falscher Belastung zwar bemüht sind, durchzuhalten, aber irgendwann der Belastung nicht mehr gewachsen sind und zerreißen, brechen oder durchfallen.

Mittlerweile bietet fast jedes Handy die Möglichkeit, seine Stimme aufzunehmen, Videokameras und Webcams ermöglichen es darüber hinaus einen visuellen Eindruck zu erhalten, und somit sollte eigentlich einer optimalen Stimmentwicklung nichts mehr im Wege stehen. Oder?

Ach ja – da war ja der Satz: „Wenn ich meine Stimme auf einem Video höre, ist das ganz schlimm!"

Stimmtipp Nummer 2:

Nehmen Sie folgende Stimmproben mit einem technischen Hilfsmittel Ihrer Wahl auf, und beurteilen Sie danach die Qualität Ihrer Stimme:

1. Lesen Sie eine Passage aus einem Buch
2. Nehmen Sie ein Telefonat auf
3. Nehmen Sie ein Geschäftsgespräch auf

Achten Sie darauf, dass die Aufnahme in einem ruhigen Umfeld und ohne Zuhörer erfolgt. Beurteilen Sie Ihre Stimme nicht nur nach der Klangqualität, sondern versuchen Sie auch, auf Stimmmelodie, Kraft, Ausdruck oder ähnliches zu hören.

Kann ich meine Stimme verändern?

Die größte Hürde im Bereich der Stimmentwicklung ist der Irrglaube, dass die Stimme ist, wie sie ist, und man nichts daran ändern kann.

Wahr ist: Die Stimme ist so, wie sie geschult, trainiert, ausgebildet und gefestigt wurde, oder eben nicht.

Wenn wir uns ansehen, wie viele Menschen eine Stimmausbildung erfahren haben, werden wir sehr schnell feststellen, dass wir hier von einer Minderheit sprechen.

Nein, ich spreche nicht von Rhetorikkursen, Präsentationsschulungen oder Verkaufsausbildungen. Ich spreche von einer Ausbildung, die sich rein auf die Schulung der Stimme fokussiert.

Als erstes, wenn wir auf die Welt kommen, schreien wir! Na klar- es ist kalt, alle sind so komisch angezogen, bei Mama im Bauch war es so schön ruhig und dunkel und eigentlich wär es da drinnen jetzt besser. Und wenn wir uns dazu entschließen, nicht zu schreien, dann gibt's vom Herrn Doktor einen Klaps auf den Hintern. Also egal wie – bei der Geburt schreien wir, und das ist auch gut so!

Danach beginnt unsere Stimmausbildung durch unsere Eltern, gefolgt vom näheren Umfeld, der Familie. Spannend in diesem Zusammenhang ist hier zu erwähnen, dass die Aussage: „Du redest ja schon wie dein Vater / deine Mutter!", welche uns im Verlauf des Lebens schon mal begegnen kann, auch wenn sie in manchen Situationen nicht besonders hilfreich ist, irgendwo herkommen muss. Überlegen Sie, woher diese Fähigkeit kommt. Ja, Sie haben von diesem Vorbild gelernt und wenden das Erlernte gerade in dieser Situation an.

Wenn ich zum Beispiel von Eltern gefragt werde, was sie tun können, da ihr Kind lispelt oder eine andere Art von Sprechspezialität zeigt, ist der erste Schritt meist der, mit den Eltern zu arbeiten.
Denn abgesehen von anatomischen und anderen angeborenen oder schicksalhaft erfahrenen Veränderungen ist die Stimme in vielen Fällen die erfolgreiche Kopie der Stimme eines Elternteils.

Und zu dieser Kopierarbeit gesellt sich irgendwann eine zweite Erfahrung, die der junge Erdenbürger erfährt, wenn er beginnt die Welt zu erkunden oder auch selbst zu sprechen. Eine, im frühen Stadium eher elterliche und später in der Schule von Lehrern und im restlichen Leben durch alle möglichen Weggefährten wiederkehrende Redewendung, die uns nicht sonderlich bei der Entwicklung unseres Selbstvertrauens und unseres

Selbstentwicklungstriebes fördert, ist: „Nein – das darfst du nicht" oder „...das kannst du nicht."

„Das funktioniert nicht" und „Das schaffst du nicht" sind weitere Exemplare dieser Hilfestellung für forschende Geister.

Doch woher kommen denn diese Aussagen? Ja – von außen, durch andere Menschen, gefärbt durch deren Erlebnisse und ihre Kopierergebnisse. Wer sagt, dass Sie etwas nicht können, was für einen anderen unmöglich erscheint oder ist? Wer sagt, dass Sie Ihre Ziele nie erreichen werden und Ihre Träume Illusionen und Verrücktheiten sind? Ich sage Ihnen: Probieren Sie – üben Sie – bringen Sie es zur Perfektion und werden Sie ein Meister. Bravo, der Applaus gehört Ihnen.

Nicht übersehen darf man aber die Oppositionsgruppe, welche alles immer schön redet, auch wenn es scheußlich ist. Die Schulterklopfer, die ständig nur sagen „Das machst du super", „Du bist der Beste!", „Ja, du musst unbedingt zu DSDS, denn du bist ein Star", auch wenn das keinerlei Realitätsbezug hat.

Das Überschätzen von Leistungen oder das Verherrlichen kann gut gemeint sein. Doch bekanntlich ist gut gemeint ja meistens das Gegenteil von gut...

Doch nun, nach diesem kleinen Exkurs in die Meinungsvielfalt der Erdbewohner, zurück zu den Rahmenbedingungen in unserem frühen Entwicklungsstadium. Nach der elterlichen Basisschulung erhalten wir in weiterer Folge noch im Kindergarten und in der Pflichtschule einiges an mehr oder weniger wertvollen Tipps zur stimmlichen Entwicklung, wobei natürlich das Hauptaugenmerk der Schule auf dem Erlernen des teilweise schon extrem umfangreichen Lehrplans liegt und nicht auf der Stimmentwicklung.

Wann lernen wir während unseres Lebens etwas über die Atmung, wann lernen wir etwas über die Tatsache, dass wir mit dem ganzen Körper sprechen, und wann lernen wir aus dem Herzen zu sprechen und nicht aus dem Kopf?

Diesen Themen habe ich bei der Entwicklung der VOICE-ACADEMY die größtmögliche Aufmerksamkeit geschenkt und bin im Laufe der Zeit zur Erkenntnis gekommen, dass wir mit unserer Stimme viel mehr können, als wir ahnen. Der größte Stimmverhinderer schlummert nämlich meistens im Menschen selbst.

Doch woher wissen wir so genau darüber Bescheid, was wir mit unserer Stimme alles nicht können? Richtig – es wird uns gesagt!

Die gleichen Gesetzmäßigkeiten, die in Bereichen wie Finanzen, Gesundheit, Familie u.v.m. von sehr klugen Menschen bereits aufgezeigt wurden und werden gelten auch im Bereich der Stimmentwicklung.

Was wir glauben und wovon wir überzeugt sind, ist unsere Wirklichkeit. Und wenn Sie glauben, dass Ihre Stimme nicht gut genug ist, und Sie keine Möglichkeit haben, das zu verändern, berauben Sie sich einer der spannendsten Entdeckungen, die Sie in Ihrem Leben machen können – der Reise zur eigenen Stimme.

Stimmtipp Nummer 3:

Nehmen Sie das, was man Ihnen über Ihre Stimme sagt, als Hinweis, sie zu verbessern, und nicht als Diagnose, der sie hoffnungslos ausgeliefert sind.

Die Atmung – der Motor der Stimme

Jeder von Ihnen ist bereits erfolgreicher Atmer! Sie atmen und nicht zuletzt deswegen leben Sie. Was kann man aber beim Atmen falsch machen, oder besser noch: Was kann man verbessern?

Ich beobachte oft, dass Menschen sehr flach atmen. Das zeigt sich neben der Tatsache, dass sich weder Bauch noch Brust merklich bewegen, in einer teilweise kraftlosen, leisen, unauffälligen und auch leblos wirkenden Stimme. Atmung ist Leben und wie es schon so trefflich heißt: „Das Leben wurde ihm eingehaucht", und nicht „Es wurde ihm injiziert oder zum Einnehmen verabreicht."

Ich lade Sie jetzt ein, einen kleinen Test mit sich selbst durchzuführen.

Während Sie diese Zeilen lesen, beobachten Sie, wie Sie atmen. Nein, nicht schummeln und jetzt voll durchatmen! Beobachten Sie auch in den nächsten Tagen immer wieder, wie Sie atmen und vor allem, wie es Ihnen dabei geht.

Sie werden einige Beobachtungen in diesem Zusammenhang machen – notieren Sie sich diese und versuchen

Sie für sich Rückschlüsse daraus zu ziehen und dadurch Ihren Fokus auf Ihre Atmung zu lenken. Vergessen Sie nicht: Worauf Sie Ihren Fokus oder Ihre Aufmerksamkeit richten, darauf lenken Sie Ihre Energie.

Als nächstes möchte ich Sie zu einem zweiten Test einladen. Beobachten Sie Ihre Atmung, wenn Sie sprechen. Denken Sie immer daran: Die Atmung ist der Motor Ihrer Stimme. Und wenn Sie, bevor Sie sprechen, nicht einatmen, ist der Tank leer und mit leerem Tank fährt es sich bekanntlich nicht sonderlich gut.

Also, bevor Sie zu sprechen beginnen, atmen Sie ein. So lächerlich und grundsätzlich dieser Hinweis auch zu sein scheint, so oft wird darauf vergessen, vor allem in Momenten emotionaler Anspannung.

Vielleicht kennen Sie dieses Szenario: Sie sind bei einem Netzwerktreffen mit ca. 30 bis 40 Teilnehmern, und plötzlich beschert Ihnen der Veranstalter des Treffens eine tolle Überraschung: Sie dürfen sich mit einer kurzen Selbstpräsentation der versammelten Menge vorstellen. Naaa? Noch immer genug Luft?

Vor allem, wenn es bei größeren Veranstaltungen heißt: „Bitte auf die Bühne!", kann das ganz schnell zu einem Moment einer gewissen Atemlosigkeit werden. „Mir ist die Luft weg geblieben!" ist eine gerne verwendete Redewendung, welche sehr gut diesen Moment des Luftmangels beschreibt. Emotionen steuern unbewusst Ihre Stimme und in diesem Fall als erstes Ihre Atmung.

Was können Sie in einem solchen Moment der unsagbaren Freude über dieses Präsentationsgeschenk machen, damit Ihr Auftritt gut verläuft?

Denken Sie als erstes an den Satz: „Was soll´s?" Ja, auch in dieser Situation kann dieser Satz sehr hilfreich sein. Sich darüber Gedanken zu machen, was jetzt alles schief gehen kann, ist nicht hilfreich und wir wollen unsere Aufmerksamkeit ja auf das Nützliche und nicht auf das Verhindernde lenken.

Und nun bewahren Sie einfach Ruhe, atmen tief und gelassen ein (und auch wieder aus), und bevor Sie zu sprechen beginnen, füllen Sie Ihren Lufttank und erzählen Ihren Zuhörern einfach, wer Sie sind und was Sie für sie tun können.

Probieren Sie es und nützen Sie jede Gelegenheit, sich zu präsentieren. Sie werden sehen: Mit jedem Mal wird es besser und besser.

Diese Erste-Hilfe-Maßnahme nützt Ihnen vielleicht bei der einen oder anderen Gelegenheit, aber was gibt es noch Wichtiges zu wissen im Zusammenhang mit der

Atmung? Ähnlich, wie bereits im Abschnitt „Kann ich meine Stimme verändern?" angesprochen, ist es auch bei der Atmung so, dass vieles von unserer Wahrnehmung, unseren Glaubenssätzen und unseren Überzeugungen abhängt. Aber auch Ereignisse, die sich in unserem Leben zugetragen haben, prägen uns oder haben zumindest unbewusst eine Auswirkung auf unsere Stimme, unsere Atmung oder unser Verhalten.

Täglich stoße ich bei meiner Arbeit mit meinen Klienten und Workshopbesuchern auf vergangene Ereignisse und Erlebnisse, die sich zum Beispiel einschränkend auf die Atmung oder auch andere stimmrelevante Bereiche auswirken. Die Auswirkung von Erlebnissen, wie zum Beispiel das Beinahe-Ertrinken als Kleinkind, überzogen strenge Erziehungsmaßnahmen der Eltern, das Gehänselt-Werden von Schulkameraden oder das Bloßgestellt-Werden vor Freunden oder anderen Personen wirkt sich oft ein Leben lang auf uns aus. Die Folgeerscheinungen in solchen Fällen können unter anderem Stottern, Bühnenangst, Redehemmungen und vieles mehr sein.

Da das vorliegende Buch kein Atem- oder Stimmtraining ersetzen kann und auch nicht soll, möchte ich jedenfalls die Gelegenheit nutzen, Sie nochmals daran zu erinnern, dass die Grenzen in Ihrer Vorstellung oder in Ihrem Unterbewusstsein gesteckt sind, und mit der richtigen Hilfe unüberwindbar scheinende Grenzen überwunden werden können. Nicht nur in der VOICE-ACADEMY, sondern überall auf der Welt geschieht das jeden Tag, und es liegt an Ihnen, wann Sie Ihre Grenzen zu sprengen beginnen.

Stimmtipp Nummer 4:

Beobachten Sie Ihre Atmung und werden Sie sich Ihrer Atmung bewusst.

In Stresssituationen gilt das Motto: „Was soll´s?" und bevor Sie sprechen, vergessen Sie nicht zu atmen.

Emotionen und die Auswirkung auf die Stimme

Hab ich schon erwähnt, dass dieses Buch kein professionelles Stimmtraining ersetzen kann? Ah, ja! Sie fragen sich sicher, wann jetzt endlich der Teil kommt, wo Sie erfahren, wie das mit der Stimme funktioniert und wie Sie was „tun müssen".

Tut mir leid, diesen Teil gibt's in meiner Philosophie des Stimmtrainings nicht, und somit fehlt er auch in diesem Buch. Sie „müssen" nichts tun – Sie dürfen sich selbst entdecken!

Falls Sie an dieser Stelle enttäuscht sind und die Buchseiten über die Stimme unter Verwendung eines geschrienen oder zumindest so laut wie möglich ausgerufenen Kraftausdruckes herausreißen und der Feuergewalt überlassen wollen, danke ich Ihnen für Ihre aufmerksame Mitarbeit und Unterstützung bei der Aufarbeitung des Themas Emotionen. Ja, Sie können die Seiten jetzt wieder loslassen. Danke!

Unsere Emotionen haben einen direkten Einfluss darauf, wie wir etwas sagen. Machen sie doch gleich einmal den Versuch, ob da was dran sein kann, und probieren Sie Folgendes:

Spannen Sie all Ihre Muskeln (ja, das können sehr viele sein) an, ballen Sie Ihre Hände zu Fäusten, setzen Sie das grimmigste Gesicht, das gerade im Lager ist, auf und sagen Sie unter dem gerade vorherrschenden Spannungszustand: „Oh ja – ich habe dich total lieb, du wunderbares Geschöpf!"

Und? Glaubwürdig? Überzeugend? Wirkt Ihre Stimme, als würde sie den Inhalt des Satzes gut widerspiegeln?

Und als ob Sie es nicht schon geahnt hätten: Probieren Sie das doch auch mal in die andere Richtung.

Sitzen Sie total relaxed, quasi wie ein Kartoffelsack, auf Ihrem Sessel, die Schultern fallen lassen, Muskelspannung gleich einer Schaumwolke des Fichtenschaumbades Ihrer Badewanne und sagen Sie im Bewusstsein der totalen Energielosigkeit: Ich lebe gerne, mein Leben ist toll und ich bin voller Energie und Kraft.

So schaut′s aus! Ich denke, dass Sie anhand dieser kleinen Testanordnungen einen guten Eindruck über die Auswirkung der Körperspannung oder -entspannung auf Ihre Stimme und natürlich auf Ihre Atmung feststellen konnten.

Doch wie ist das jetzt mit den Emotionen? Da gibt es ja noch mehr! Oder?

Richtig! Es gibt da eine ganz spannende Beobachtung, die ich gerne mit Ihnen teilen möchte. Was passiert, wenn jemand „Ja" sagt und „Nein" meint?

Diese Situation wird uns zum Beispiel gerne von Kabarettisten, Schauspielern und anderen Personen gut vor Augen geführt.

Sie haben sicher Szenen oder Stücke gesehen, in denen die innere Stimme des Darstellers als Stimme aus dem Nichts zugespielt wird, der Schauspieler jedoch ganz anders antwortet oder spricht, als es die innere Stimme vorsagt.

Mir fallen da folgende Beispiele ein:
Michael Niavarani – Grantig
Adam Sandler / Jack Nicholson – Die Wutprobe

Achten Sie einfach in Zukunft darauf, wie Schauspieler diese Situation spielen und viel wichtiger, wie der Verlauf der Handlung dadurch geprägt wird.

Nehmen Sie die Erkenntnis aus dieser Beobachtung und Ihren eigenen Beobachtungen und denken Sie an Situationen in Ihrem Leben, in denen Sie vielleicht „Ja" gesagt und „Nein" gemeint haben, und erinnern Sie sich, wie es Ihnen dabei ergangen ist.

Die Vergangenheit lässt sich nur mehr schwer ändern, aber jeden kommenden Tag Ihres Lebens können Sie für sich selbst prüfen, ob Sie auch „Ja" sagen, wenn Sie „Ja" meinen.

Was in diesem Zusammenhang auch noch angesprochen werden sollte sind kluge Sätze wie: „Zuerst denken und dann reden!", oder „In der Ruhe liegt die Kraft" und „Wenn man etwas gesagt hat, kann man es nicht wieder zurück nehmen". Diese Aussagen zeigen, dass es nicht immer klug ist, seine Kommunikation von seinen Emotionen leiten zu lassen.

Eine von Emotionen dominierte Stimme zeigt immer ihre Wirkung und spiegelt unseren Emotionszustand sehr gut wider, doch manche Gefühle, die in uns da sind, können auch kontraproduktiv, verletzend und in weiterer Folge selbstverletzend sein.

Ich möchte nun mit Ihnen gemeinsam ein paar Situationen aus dem Alltag eines Netzwerkers und die damit möglicherweise verbundenen Emotionen betrachten, sowie die Auswirkungen auf die Stimme. Lassen Sie uns sehen, ob es da nicht etwas gibt, das wir tun können.

60-Sekunden-Präsentation

Die Situation:
Sie stehen kurz davor, Ihre 60-Sekunden-Präsentation vom Stapel zu lassen. Sie haben sich überlegt, was Sie sagen werden und gehen im Geist immer wieder die Worte durch. Ihr Puls ist ein wenig oberhalb des roten Bereiches, die Muskeln zeigen ihre Spannkraft, der Mund nimmt langsam aber sicher die Gegebenheiten der Mojave-Wüste an, und nun ist es so weit: Spot auf Sie, los geht's!

Ihr Leitbild:
Im Prinzip ist es das, was sie eigentlich möchten: Sie können allen Anwesenden sagen, was Sie tun, sich ins Rampenlicht setzen, durch Ihren Auftritt Kunden und Interessenten gewinnen - eigentlich optimal.

Mögliches Szenario Nr. 1:
Aufgrund Ihres inneren Stresspegels sind Sie alles andere als Sie selbst. Sie haben den Adrenalinspiegel eines Tieres auf der Flucht und Ihre Sprechgeschwindigkeit gleicht dem 100-Meter- Sprint eines Geparden. Ihre Atmung verhindert, dass Ihre Stimme einladend, professionell und vertrauenswürdig ankommt – Sie wirken gehetzt und schaffen Ihre Präsentation in rekordverdächtigen 32 Sekunden.

Mögliches Szenario Nr. 2:

Ihr Körper hat aus internen Sicherheitsgründen beschlossen, an der 60-Sekunden-Präsentation nicht teilzunehmen. Alle Systeme sind auf Standby und Sie erleben Ihre 60 Sekunden wie einen Spaziergang über ein Kornblumenfeld an einem sonnigen Tag im Mai. Die Vögel zwitschern und der Duft der Natur streichelt Ihre Nase und komischerweise hören Sie immer wieder eine Stimme, die eigenartige Sätze sagt und irgendwie nicht ganz anwesend zu sein scheint. Sie werden durch ein bestimmendes „Danke für die interessanten Ausführungen", welches Ihnen der Moderator zuspricht, aus Ihrem Spaziergang gerissen und realisieren langsam, dass die 60 Sekunden doch schon vorbei sind.

Die Stimme:

In beiden Situationen wirkt Ihre Stimme nicht so, wie Sie es vermutlich gerne hätten. Die Anspannung drängt Sie in eine Zwangshaltung und aus dieser Position heraus ist eine lockere Präsentation sehr schwer möglich.

Eine andere Perspektive:

Denken Sie an den Satz: „Ach, was soll´s!" (Ja! Das ist ein Deja vu!) Sie haben nichts zu verbergen. Also kein Grund für Aufregung! Freuen Sie sich auf den Moment, wenn die Zuhörer nach Ihrer Präsentation applaudieren und Ihnen zu Ihren Ausführungen gratulieren. Spüren

Sie schon jetzt, wie toll es sich anfühlt, frei zu sprechen und wenn etwas Unvorhergesehenes passiert, es einfach in Ihre Präsentation einzubauen und die Zuhörer zu überraschen. Wie fühlt es sich für Sie an, wenn Sie sich das jetzt vorstellen? Bauen Sie diese Fantasie ruhig aus und träumen Sie davon, wie toll es sich anfühlt, die Menschen mit Ihrer Stimme zu begeistern.

Erstes „Hallo!" bei einer Netzwerkveranstaltung

Die Situation:
Sie sind bei einer Netzwerkveranstaltung und stoßen zu einer Gruppe von Personen, von denen Sie niemanden kennen. Irgendwie möchten Sie sich der Runde gerne anschließen, doch in Ihnen steht eher alles auf Ausweichmanöver als auf Angriff.

Ihr Leitbild:
Deswegen sind Sie ja da: Sie wollen Menschen kennenlernen, Kontakte knüpfen, plaudern, sich vorstellen, etwas Spannendes erfahren, dazugehören.

Mögliches Szenario:
Das, was Sie wollen und das, was in Ihnen vorgeht, ist nicht so richtig deckungsgleich. Die Unsicherheit steht Ihnen ins Gesicht geschrieben und da Sie nicht richtig wissen, was Sie tun sollen, spiegelt Ihr ganzer Körper diese Unsicherheit wider.

Die Stimme:
Die Unsicherheit spiegelt sich auch in Ihrer Stimme wider. Da Sie „auf dem Sprung" sind, sind auch Ihr Stimmverhalten, Ihr Kommunikationsinhalt und Ihr Gesamterscheinungsbild flüchtig.

Eine andere Perspektive:
Tief durchatmen und – ja richtig – „Was soll`s?".
Es kann ja nichts passieren und zu verlieren haben Sie auch nichts. Also, wie beim Angriff auf den Würstelstand: Zielsicher und mit knurrendem Magen, jedoch in diesem Fall mit Appetit auf Kennenlernen und Netzwerken, losmarschieren, Wunsch äußern – in diesem Fall „Hallo, ich bin der René, darf ich mich zu euch gesellen?" – und freudig der Runde beiwohnen. Und sollten Sie dennoch nicht warmherzig aufgenommen werden, ist diese Runde wahrscheinlich nicht das, was Sie gesucht haben und irgendwo wartet sicher die passende Gruppe auf Sie…

Telefonat mit einem möglichen Kunden

Die Situation:
Eigentlich sollten Sie den neuen Kunden, den Sie kurz bei einer Veranstaltung kennengelernt haben, anrufen. Doch da Sie beim ersten Kennenlernen nur sehr oberflächlich und kurz miteinander gesprochen haben, ist es nun einfach so blöd, anzurufen. Was soll man sagen, das

wirkt sicher aufdringlich. Was ist, wenn ich unerwünscht bin und vor allem, es ist jetzt sicher nicht der richtige Moment. Man kann ja irgendwann wieder versuchen, die Nummer zu wählen.

Ihr Leitbild:
Yes, ein neuer Kunde – und los geht's. Ich kann es kaum erwarten, dass ich ihn anrufe und er mir sagt, dass er von mir etwas braucht.

Mögliches Szenario:
Je länger es dauert, bis der frische Kontakt bearbeitet wird, desto kälter wird er. Irgendwie fast wie bei der Reanimation. Ist der Patient ausgekühlt, hilft auch der Defibrillator nur mehr peripher.

Die Stimme:
Auch in diesem Fall spiegelt sich Ihre Unsicherheit wider. Jedoch neben der Unsicherheit spielt hier auch der Zeitfaktor eine Rolle. Je länger Sie den Kunden warten lassen, desto unangenehmer ist die Situation und umso mehr müssen Sie sich heraus reden. Die Stimme ist im Ausredemodus!

Eine andere Perspektive:
Ja, ich weiß, es ist für sehr viele Menschen eine regelrechte Qual, das Telefonieren. Ich meine das ernst und nicht irgendwie klugdenkerisch. Doch was ist es, das das

Telefon so unsympathisch macht? Zum einen kann es stören, wenn man sich selbst hört (irgendwie logisch, dass es einem den Spaß verderben kann, wenn man seine Stimme hört, die man nicht mag.)

Zum anderen ist das Telefon, in das man hinein sprechen soll, so unpersönlich. Es gibt noch viele Spitzfindigkeiten, die man da aufzählen könnte, aber wie können wir es besser machen? Richtig – mit der Freundin oder dem Freund telefoniert es sich ja komfortabel, und der legt nicht auf! Bei dem können wir uns aussprechen und bei dem können wir ruhig auf die Körpersprache verzichten. Probieren Sie einmal aufmerksam zu beobachten, wo für Sie der Unterschied zwischen einem Telefonat mit einem Bekannten und einem Business-Partner liegt. Wenn Sie das genauer erforschen, werden Sie etwas Spannendes herausfinden…

Smalltalk in der neu ergatterten Netzwerker-Runde

Die Situation:
Sie haben es geschafft in den Kreis der unbekannten Netzwerker einzudringen. War nicht leicht, ganz und gar nicht. Und jetzt stehen Sie da. Ähhhh, spannend, was die da reden, kenn ich nicht, noch nie gehört, ah ja, da könnte ich was sagen – blöd – zu spät. Aaach... die unterhalten sich und Sie stehen da und kommen nicht ins Gespräch.

Ihr Leitbild:
Eines der Highlights für den routinierten Netzwerker: Zwangloses Kennenlernen und Sich-Austauschen, das Gegenüber kennenlernen, von sich ein bisserl was hergeben und die Basis für eine gute Netzwerkfreundschaft schaffen. Sicherheit, Behaglichkeit, Vertrauen (und im Hintergrund spielt Andre Rieu am Geigerl).

Mögliches Szenario:
Ihre Sprachlosigkeit könnte als Desinteresse, Unbehaglichkeit oder Wertung gesehen werden. Könnte sein, dass man denkt, Sie hätten einfach nichts zu sagen. Aber es gibt einen feinen Unterschied zwischen „Ich kann nichts sagen, weil ich voll auf der Seife oder neben mir stehe", oder „Ich bin im Bilde und höre einfach aufmerksam zu". Variante zwei ist gut, die erste ist eher ungeschickt.

Die Stimme:
Hier können Sie voll punkten. Wenn Sie nichts sagen, kann die Stimme auch nicht unvorteilhaft auffallen. Doch Achtung! Man kann nicht nicht kommunizieren!!!

Eine andere Perspektive:
Irgendwie gibt es immer einen Weg, sich ins Gespräch einzubringen – und wenn es nur ein zustimmendes Lächeln oder ein mutiges „Entschuldigen Sie, wenn ich jetzt nachfrage, aber ich habe offenbar nicht alles gehört. Können Sie mir noch einmal diese Zusammenhänge er-

klären?" ist. Man muss nicht alles wissen und klug mitreden, aber wer fragt führt, und wer gut fragen kann, übernimmt die Führung.

Stimmtipp Nummer 5:

Versuchen Sie immer wieder, sich beim Sprechen selbst zuzuhören und vergleichen Sie, ob Ihre Emotion mit Ihrer Stimme synchron ist oder ob die beiden sich gerade in entgegengesetzter Richtung aufhalten.

Der erste Eindruck

Eigentlich sollten wir diesen Punkt relativ schnell abgearbeitet haben. Es geht ja nur um einen Eindruck, und der ist ja rasch besprochen. Nun ja, den Eindruck gewinnen geht schnell, doch loswerden tut man diesen eigentlich fast nie mehr. Zumindest ist, wie wir wissen, viel zu tun, um einen schlechten ersten Eindruck wieder wettzumachen.

Warum ist das jetzt so wichtig und überhaupt, wir wissen eh – gut drauf sein, schauen, dass alles passt, Sonntagslächeln aufsetzen, artig grüßen und alles wird gut.
Ja, gut vorbereitet, aber wir haben ja gesagt – die Stimme ist der Spiegel der Seele und die Seele hat es nicht so mit dem Versteckspiel. Also setzen wir uns eine Maske auf und verbergen den Seelenzustand – wird schon keiner merken. Pech gehabt, das merkt man, wenn nicht bewusst, dann zumindest unterbewusst. Also, Ärmel hochkrempeln und Werkzeugkiste auf.

Situation Nr. 1:
Sie sind wegen der bevorstehenden Begegnung schlecht drauf, also Sie wollen eigentlich jetzt niemanden treffen. Stellen Sie für sich klar, warum Sie diesen Termin ablehnen und prüfen Sie, ob es an Ihnen, am Terminpartner, am Thema oder an sonst etwas liegt.

Kommen Sie zu keinem Ergebnis, dann lassen Sie es! Sie müssen sich ja nicht verstellen und sich verbiegen. Ihre Ablehnung steht Ihnen ins Gesicht geschrieben und die Stimme wird auch nicht gut zu sprechen sein.

Liegt es hingegen z.B. am Gesprächspartner, dann bringen Sie das, was Sie negativ an diese Begegnung herangehen lässt, auf den Tisch und führen Sie so eine Veränderung herbei. Stehen Sie zu Ihren Gefühlen.

Situation Nr. 2:
Wenn Sie vor einer Begegnung schlecht drauf sind, weil das Leben gerade nicht so fröhlich wie ein kitschiger Hollywood- Schmöker ist, denken Sie daran, dass es hier auf der Erde des zwanzigsten Jahrhunderts ab und an dazugehört, dass was nicht ganz cool läuft.

Sie müssen das aber nicht unbedingt in die bevorstehende Begegnung hineinziehen. Der Mensch, der darauf wartet mit Ihnen zu reden, Sie kennenzulernen, mit Ihnen zu lachen oder Geschäfte zu machen, ist (nehmen wir in diesem Fall an) nicht für Ihre globale Stimmungskiller verantwortlich.

Vielleicht verschafft Ihnen die bevorstehende Begegnung die Möglichkeit, Abstand von Ihrer vorherrschenden Situation zu bekommen und eine gewisse Zeit der Erleichterung zu leben. Und im Notfall können Sie auf die

Frage, wie es Ihnen so geht, ja immer noch von Ihren Troubles berichten – doch dann war der erste Eindruck bereits ganz anders, und vielleicht hilft Ihnen ja Ihr Gegenüber sogar bei der Lösung.

Jede Begegnung hat ihren Sinn und ihre Notwendigkeit. Sie ist besonders und jeder Moment ist unwiederbringlich vorbei, wenn wir ihn erlebt haben.

Also nützen Sie die Chance, sich vor jeder Begegnung auf das, was vor Ihnen liegt, zu freuen, erwarten Sie das Unerwartete und genießen Sie jeden Moment, als ob er der wichtigste in Ihrem Leben wäre.

Wenn Sie es schaffen, diese Energie in Ihnen zu versammeln, bevor Sie jemandem begegnen und diesem Menschen diese Achtung und Wertschätzung entgegen zu bringen – schreiben Sie mir bitte sofort, wenn der erste Eindruck, den Ihr Gegenüber von Ihnen hat, negativ ist.

Stimmtipp Nummer 6:

Nützen Sie die Chance, die der Moment der ersten Begegnung für Sie bringt.
Stellen Sie sich darauf ein und freuen Sie sich auf das, was vor Ihnen liegt – Sie können nur gewinnen.

In 60 Sekunden alles sagen

Irgendwie ist Netzwerken manchmal wie Speed Dating. Sie haben 60 Sekunden - alles oder nichts. Da es im Leben scheinbar immer darum geht, möglichst rasch etwas auf den Punkt zu bringen, kann es nicht schaden, sich darüber Gedanken zu machen.

Sich präzise auszudrücken ist für den, der es nicht kann, eine Hürde und manchmal für den, der präzise formuliert, eine Bürde.

Es ist in manchen Situationen nicht leicht, mit einem klar formulierenden Menschen zu kommunizieren. Für den etwas blumigeren Gesprächspartner ist hier manchmal ein bisschen wenig Platz für die Auswüchse seiner mit viel Dünger angereicherten Wortgewächse. Der präzise Sprecher hinterfragt klar und der Plauderer antwortet mit unglaublicher Tiefe, Breite, Höhe und das hoch 4. Ein Blutdrucktest für beide Beteiligten.

Das Leben hat mir eine beeindruckende Lebensgefährtin geschenkt, die ich aufrichtig liebe und verehre. Doch manchmal passiert es mir, dass sich dieses zarte Gefühl der Verbundenheit in eine leichte Gefühlsirritation mit einhergehenden Erregungszuständen wandelt. Da meine Lebensgefährtin, die von Freunden liebevoll als Detailjunkie gekosenamt wird und durch Ihre Ausbildung als Übersetzerin (was die Detailtreue der Wortwahl erklärt), ergänzt durch weitere Ausbildungen in den Bereichen Psychologie und Energetik (was die Präzision im Bereich Treffsicherheit erklärt) eine beeindruckende Fähigkeit hat, klare Fragen zu stellen und teilweise beängstigend direkt etwas auszudrücken, kann ich aus eigener Erfahrung als Rosenkavalier der Worte sagen, dass Präzision in der Kommunikation und der Wortwahl wirklich entscheidend sein kann. Auch wenn, wie gesagt, der Unterlegene zuweilen leidet.

Aber es gibt etwas, wofür ich meiner Liebsten unheimlich dankbar bin. Sie hat mir beigebracht zu überlegen, für wen ich etwas sage oder schreibe, was ich damit erreichen will, zu hinterfragen und nicht zu ruhen, bevor jeder Buchstabe an seinem Platz ist.

Ich muss allerdings gestehen, dass ich noch übe, aber es wird immer besser und besser.

Doch was hat das jetzt mit Ihrer 60-Sekunden-Präsentation zu tun? Oh ja – geben Sie nicht Ruhe, bevor nicht jeder Buchstabe an seinem Platz ist, die Worte genau das widerspiegeln, was Sie sagen wollen und überprüfen Sie, ob das, was Sie sagen, überhaupt für Ihre Zielgruppe relevant ist.

Sollte es Ihnen schwer fallen, Ihre 60-Sekunden-Präsentation immer wieder zu optimieren und daran zu feilen, denken Sie daran: Sie haben es selbst in der Hand. Probieren Sie – üben Sie – bringen Sie es zur Perfektion und werden Sie ein Meister.

Ach ja, ehe ich es vergesse – wie im Stimmtipp Nr. 2 kann es sehr hilfreich sein, die 60-Sekunden-Präsentation aufzunehmen!

Stimmtipp Nummer 7:

Erarbeiten Sie eine möglichst perfekte 60-Sekunden-Präsentation. Sie kann entscheidend für Ihren Erfolg oder Misserfolg sein.

Ihre Stimme zählt

Netzwerken ist etwas Lebendiges und auch die Stimme ist im Grunde etwas sehr Lebendiges. Daher möchten wir mit Ihnen gemeinsam daran arbeiten, dass „Netzwerken - aber richtig" lebt. Wohin das noch führt, wenn da draußen noch mehr artgleiche Menschen existieren, die sich jetzt zu sammeln anfangen, wissen wir nicht. Aber neugierig wie wir sind, schauen wir uns das einfach an.

Ich habe Sie beim Stimmtipp Nr. 2 gebeten, Ihre Stimme aufzunehmen und selbst zu beurteilen. Und jetzt gehe ich noch einen Schritt weiter. Für all jene, die sich für meine Meinung zum eigenen Stimmbild interessieren, gebe ich Ihnen gerne ein kurzes Feedback zu Ihrer Aufnahme. Senden Sie Ihre Sprachaufnahme per E-Mail an office@reneoblak.com.
Sollten Sie eine Aufnahme Ihrer 60-Sekunden-Präsentation vorrätig haben, höre ich mir diese auch gerne an.
Ich freue mich schon darauf, Ihre Stimme zu hören!

Stimmtipp Nummer 8:

Nützen Sie die wunderbare Möglichkeit, wenn ein Stimmtrainer Ihnen anbietet, Ihre Stimme zu begutachten.

Zu guter Letzt ...

Es ist nun Zeit, der Realität ins Auge zu sehen und Abschied zu nehmen von der Illusion, das Universum der Stimme mit Worten beschreiben zu können.

Die Stimme jedes Menschen ist durch so viele Erlebnisse und Lebensweisheiten geprägt, dass es keinen allgemeinen Weg zur eigenen Stimme gibt. Es ist wie ein Puzzle, das zusammengesetzt werden will, und am Schluss steht die Gewissheit, seine Stimme nicht mehr zu suchen, sondern sie gefunden zu haben.

Ich habe das Privileg, durch meine Arbeit täglich mit ganz besonderen Menschen arbeiten zu dürfen und zu erleben, wie unglaublich dieses Wunder Stimme ist und wie einzigartig sich die Stimme jedes Menschen anhört.

Es ist mir ein großes Anliegen, Sie dazu zu ermutigen, sich mit diesem tollen Instrument auseinanderzusetzen und zu entdecken, was alles an Stimme in Ihnen steckt.

Entfesseln Sie die Kraft Ihrer Stimme und lassen Sie es nicht zu, dass die Meinungen von anderen Maßstab für Ihre Entwicklung in jeglicher Hinsicht sind.

Ich wünsche Ihnen viel Spaß mit Ihrer Stimme und vielleicht darf ich Sie eines Tages durch Ihr Stimmuniversum begleiten …

Alles Liebe,

Ihr

René Oblak

Businesspraxis Editions